DOCTEUR, JE RONFLE…

Pour en finir avec le ronflement

C'est naturel, c'est ma santé

DOCTEUR, JE RONFLE...

Pour en finir avec le ronflement

Dr Gabrielle Cremer

EDITIONS Alpen
Alpen Éditions
9, avenue Albert II
98000 Monaco

Le Dr Gabrielle Cremer est spécialiste en pharmacologie clinique, une discipline qui s'intéresse au développement de nouveaux médicaments. Elle a officié pendant de nombreuses années au sein de l'industrie pharmaceutique. Depuis 2005, elle gère une société de communication médicale à Strasbourg : Cremer Consulting SARL.

Du même auteur :
L'ostéoporose, 2009, Éditions Alpen Monaco
C'est la thyroïde Docteur ?, 2008, Éditions Alpen Monaco

9, avenue Albert II
MC - 98000 MONACO
***Tél. :** 00377 97 77 62 10*
***Fax :** 00377 97 77 62 11*

Direction :
Christophe Didierlaurent
Éditorial :
Fabienne Desmarets
Mise en page et infographie :
Stéphane Falaschi

Crédits photos :
Banana Stock, Brand X, BSIP, Digital Vision, Dynamic Graphic, Fancy, Itstock, Image Source, Photo Alto, Photodisc, Pixtal, Stockbyte, Thinkstock.

***Dépôt légal :** 2012*
ISBN13 : 978-2-35934-019-8

Imprimé en France
Imprimerie Multiprint

imprimé sur du papier issu
de forêts gérées durablement

Introduction

Le ronflement est souvent prétexte à moquerie de la part ceux qui n'en souffrent pas, alors que les ronfleurs eux-mêmes ou leur entourage ne s'en amusent pas toujours. Il s'agit d'un phénomène très répandu. Après l'âge de 40 ans, environ 60 % des hommes et 40 % des femmes ronflent épisodiquement durant la nuit. Ce ronflement traduit une gêne à l'écoulement de l'air au niveau de la gorge, ou plus exactement du pharynx. Il correspond à la vibration rapide des parois du pharynx. Durant le sommeil, ces parois se relâchent et ont tendance à se rapprocher l'une de l'autre. Il se produit alors une vibration de ces tissus qui engendre un ronflement. Si les conséquences du ronflement simple se résument principalement en un préjudice social ou psychologique, le ronflement en lui-même n'a aucun impact réel sur notre santé.

Toutefois, le ronflement peut masquer une autre pathologie plus grave, à savoir le Syndrome d'Apnées du Sommeil. Connu depuis l'antiquité mais jamais décrit en détail avant 1976, ce syndrome se caractérise par des arrêts respiratoires récurrents, plus ou moins longs, durant la nuit. Lorsque ces arrêts respiratoires durent 10 secondes ou plus, on parle d'apnées. Durant ces pauses respiratoires, les structures molles de la gorge, à savoir les parois du pharynx, le voile du palais et la base de la langue, s'accolent les unes aux autres, empêchant le passage de l'air. Les efforts inspiratoires

AVERTISSEMENT

Les informations contenues dans ce livre ne peuvent pas remplacer un avis autorisé. Avant toute automédication, consultez un médecin ou un pharmacien qualifié.

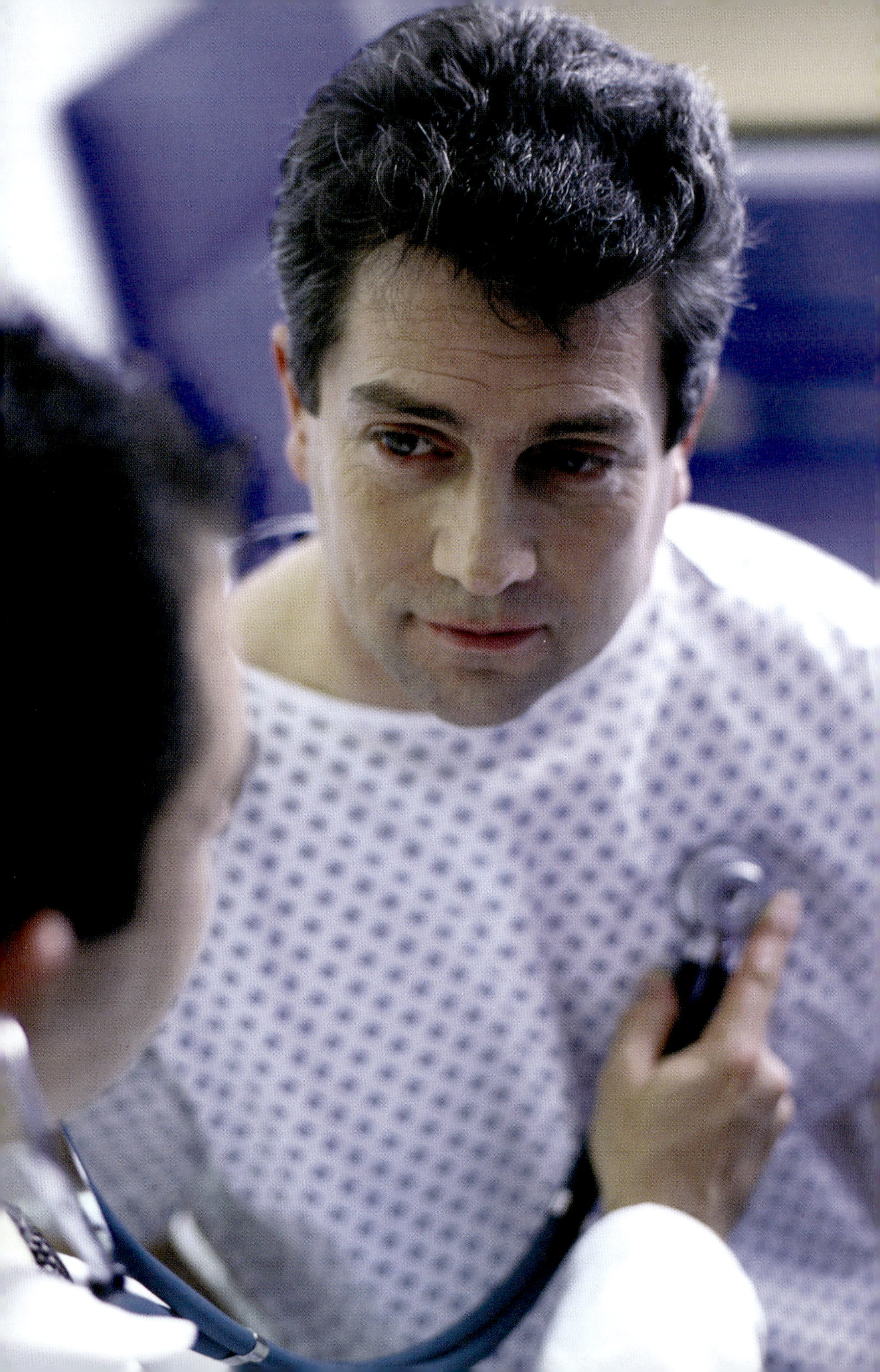

du sujet ne font qu'aggraver ce blocage. Après quelques inspirations inefficaces, la chute du taux d'oxygène dans le sang alerte le cerveau, qui déclenche un réveil partiel du sujet. Cette stimulation cérébrale redonne du tonus aux parois du pharynx, qui finissent par se contracter, rendant le passage de l'air à nouveau possible.

Ces apnées du sommeil sont en règle générale associées à des ronflements bruyants, à des micro-éveils fréquents ainsi qu'à une chute du taux d'oxygène dans le sang. Pour que le médecin puisse poser le diagnostic de syndrome d'apnées, il est impératif que des symptômes diurnes et des manifestations nocturnes coexistent. Parmi les symptômes diurnes, nous retiendrons avant tout une grande fatigue, une hypersomnolence non expliquée et des troubles de la concentration. Les manifestations nocturnes obligatoires pour la pose du diagnostic sont la présence de cinq évènements respiratoires obstructifs par heure.

L'impact de ce Syndrome d'Apnées du Sommeil sur la santé a fait l'objet de nombreuses études cliniques, tout particulièrement depuis la généralisation des enregistrements du sommeil. Alors que quelques apnées isolées au cours de la nuit n'ont aucune conséquence majeure sur la santé, la survenue d'apnées fréquentes, à savoir plus de cinq apnées durant une heure de sommeil, est beaucoup plus préoccupante. Dans ce cas, les apnées ne sont pas anodines et doivent être prises au sérieux.

Ce guide a pour vocation de vous aider à mieux comprendre ce qu'est le ronflement. Il vous présente un large éventail de mesures qui visent à l'atténuer ou à le prévenir. Il vous aide aussi à faire la différence entre ronflement simple, sans impact sur la santé, et ronflement pathologique, autrement dit apnées du sommeil. Nous espérons que vous en apprécierez la lecture.

TABLE DES MATIÈRES

Quelques anecdotes sur le ronflement

Qui n'a jamais entendu l'expression « ronfler comme un sonneur » ? Source de plaisanteries, le ronflement n'en reste pas moins une tare dont le ronfleur se passerait bien.

Source de plaisanteries

Vous ronflez, et si jamais vous n'étiez pas au courant, votre femme ne manque pas de vous le faire remarquer tous les matins. En famille ou entre amis, lors de l'apéritif ou au dessert, le sujet ne manque jamais de faire rire. Et chacun d'y aller de sa petite anecdote sur son mari ou son compagnon, provoquant l'hilarité générale. Pourtant, autour de la table, certains rient jaune : ils ronflent ou sont victimes du ronflement de leur conjoint et, pour eux, il n'y a pas là matière à plaisanter. Le sujet est si sensible qu'un service des impôts qui devait aménager ses nouveaux bureaux au « 5 Chemin des Ronfleurs » a demandé au maire de rebaptiser la rue « Chemin des fleurs ». Le but : priver le contribuable d'une mauvaise blague visant les fonctionnaires du Trésor Public.

Source de conflits

Source intarissable de blagues, le ronflement est pourtant gênant pour le ronfleur, et pour la personne qui dort à ses côtés. Avec le temps, les gentilles caresses censées vous faire cesser de ronfler sont devenues des coups de coude plus francs, mais rien n'y fait. Irrémédiablement, chaque nuit, vous vous retrouvez à nouveau sur le dos et vous ronflez de plus belle, au grand dam de votre compagne. Le ronflement peut atteindre plus de 100 décibels. Souvent source de stress pour la personne qui le subit, il se traduit par une mauvaise humeur le lendemain. Messieurs, saviez-vous que certaines femmes avouent avoir déjà eu des pensées agressives au sujet de leur compagnon ronfleur ? Le ronflement peut provoquer l'irritation, la colère, voire une déception de ne pas avoir constaté à temps qu'on s'engageait dans une vie commune avec un ronfleur invétéré. S'il n'est pas soigné, le ronflement risque de rester une source de conflits tout au long de la vie du couple. Parfois, le ronflement est une telle nuisance qu'il force les époux à faire chambre à part !

L'image sociale du ronfleur

Les bandes dessinées, à travers leurs dessins et leurs bulles remplies de « ZZZ », donnent une image plutôt bienheureuse du ronfleur : bonhomme grassouillet qui dort profondément, un sourire aux lèvres, après un repas copieux bien arrosé. En réalité, si l'alcool et le surpoids favorisent effectivement le ronflement, la comparaison s'arrête là. Le ronfleur est une nuisance pour son conjoint et il est parfois source d'embarras pour son entourage. Il somnole facilement et se met à ronfler bruyamment lorsqu'il est assis devant la télévision, dans l'avion ou au cinéma. D'ailleurs, s'il a conscience du problème, le ronfleur lui-même refuse parfois d'aller au cinéma, sachant qu'il risque de ronfler et de gêner, dans tous les sens du terme, ses voisins et ceux qui l'accompagnent. Lui aussi est embarrassé, même s'il tente de minimiser la chose. Personne n'aime faire rire à ses dépens. Ainsi, le ronfleur se vante rarement de ronfler.

Les femmes ronflent aussi !

Contrairement à la croyance populaire, le ronflement n'est pas exclusivement une affaire d'hommes. D'après des statistiques récentes, approximativement 15 % des femmes sont des ronfleuses régulières et en éprouvent une grande honte.

Quelques définitions utiles

Le ronflement n'est pas synonyme de pathologie. Par contre, le Syndrome d'Apnées du Sommeil doit, lui, être pris plus au sérieux.

Le ronfleur « simple »

Le ronflement simple est bénin. Le sommeil entraîne une mise au repos de tous les muscles du corps, y compris ceux de la gorge. Si celle-ci est étroite, l'écoulement de l'air y est gêné. Les muscles du voile du palais et des parois du pharynx se mettent alors à vibrer, ce qui produit le ronflement. Dormir sur le dos, l'alcool, les somnifères et le tabac favorisent l'apparition d'un ronflement. Bénin, ce phénomène a surtout lieu pendant le sommeil léger et en fin de nuit. Ce ronflement simple peut toutefois évoluer en un syndrome d'apnées, notamment avec l'âge ou la prise de poids.

Syndrome d'Apnées du Sommeil

La nuit, le sujet atteint du Syndrome d'Apnées du Sommeil (SAS) fait de multiples arrêts respiratoires d'au moins 10 secondes chacun. Après chaque arrêt, il reprend sa respiration de façon bruyante. Souvent en surpoids, il est victime de somnolence durant la journée, à l'origine d'une baisse de ses performances, voire d'accidents du travail ou de la circulation. À long terme, la privation d'oxygène pendant les pauses respiratoires peut avoir un effet néfaste sur la santé. Plus concrètement,

Qu'est-ce que le ronflement ?

Le ronflement correspond au bruit émis par la vibration des parois du pharynx (entre 25 et 200 vibrations par seconde).

ces personnes courent le risque de développer une hypertension artérielle permanente ou d'autres maladies cardiovasculaires.
Nous distinguons plusieurs types d'apnées. Dans l'apnée obstructive, la plus fréquente, les voies aériennes supérieures se ferment malgré les efforts respiratoires du dormeur. Au contraire, dans l'apnée centrale, les efforts respiratoires sont absents et les arrêts respiratoires sont dus à des perturbations au niveau des centres de commande dans le cerveau. L'apnée centrale, plus rare, se rencontre notamment dans l'insuffisance cardiaque terminale. Des formes mixtes peuvent s'observer : les sujets atteints souffrent d'apnées obstructives et d'apnées centrales.

Haute résistance des voies aériennes supérieures

Ce trouble s'apparente au SAS, à la seule différence que les sujets souffrant du Syndrome de Haute Résistance ne font pas d'apnées nocturnes, tout en présentant des signes de lutte respiratoire. Les sujets doivent fournir des efforts respiratoires accrus, à l'origine de micro-éveils. Chez eux, le sommeil est fragmenté et une somnolence diurne est quasiment toujours présente. Les femmes, les jeunes, les non ronfleurs et les personnes sveltes ne sont pas épargnés par ce syndrome.
L'étude des événements respiratoires permet de déterminer la sévérité du trouble. D'après les experts, le Syndrome de Haute Résistante se situe à mi-chemin entre le ronflement banal et le SAS. Pour cette raison, un traitement approprié doit être envisagé.

Apnée et hypopnée

L'apnée est une pause respiratoire : le sujet cesse de respirer pendant au moins 10 secondes. Alerté par le manque d'oxygène, le système nerveux central provoque un éveil partiel du sujet, qui reprend sa respiration de façon souvent bruyante. L'hypopnée correspond à une baisse du flux respiratoire de plus de 50 % pendant au moins 10 secondes. L'hypopnée peut également s'accompagner de micro-éveils.

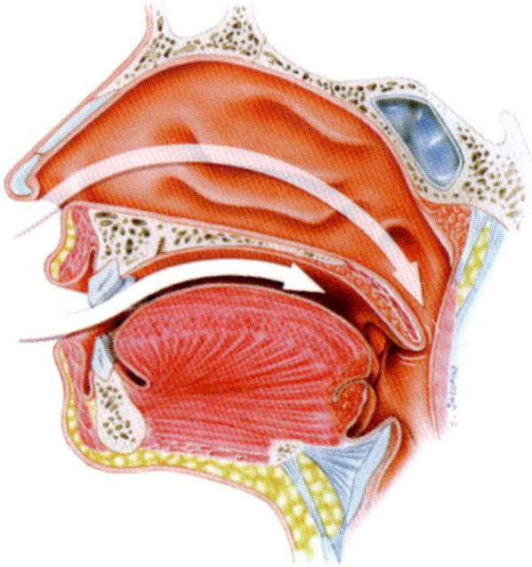

Circulation de l'air au niveau du pharynx

Pourquoi ronfle-t-on ?

Le ronflement révèle une mauvaise circulation de l'air au niveau du pharynx pendant le sommeil. Les parois du pharynx et le voile du palais se mettent alors à vibrer : le dormeur ronfle.

Parcours de l'air dans les voies respiratoires

À l'inspiration, l'air entre par le nez ou la bouche, puis passe à travers le pharynx, un conduit de 12 centimètres de long qui se décompose en trois compartiments. De haut en bas se succèdent le rhinopharynx, en arrière du nez, l'oropharynx, au niveau du voile du palais et des amygdales, et l'hypopharynx, plus bas, en arrière de la langue. Après avoir traversé les trois compartiments du pharynx, l'air entre dans le larynx, qui abrite les cordes vocales. De là, l'air pénètre dans la trachée, avant d'atteindre les poumons.

Obstacles au passage de l'air

Avant de parvenir au pharynx, l'air entré par le nez doit passer entre la cloison nasale, au milieu, et les cornets, sur les côtés. La cloison nasale est constituée d'os et de cartilage tandis que les cornets ne contiennent que des lames osseuses recouvertes d'une épaisse couche de tissus. Leur rôle est de réchauffer et d'humidifier l'air que nous inspirons. Selon les reliefs du nez, l'air y passe de façon plus ou moins fluide. L'augmentation du volume des cornets suite à une allergie, la présence de polypes ou une déviation de la cloison nasale sont autant de facteurs susceptibles d'obstruer partiellement

Le rôle du diaphragme

À l'inspiration, les muscles inspiratoires, dont fait partie le diaphragme, se contractent. Le diaphragme se situe entre la cage thoracique et l'abdomen et lorsqu'il se contracte, il se raccourcit et s'aplatit, repoussant les côtes et augmentant le volume des poumons. Ce phénomène crée une aspiration et permet à l'air d'entrer dans les poumons.

le passage de l'air dans le nez. Après ce passage, parfois difficile, l'air doit traverser le pharynx, où d'autres obstacles l'attendent. Une malformation de la mâchoire, une hypertrophie de la langue, du voile du palais, de la luette ou des amygdales, ou simplement une morphologie singulière, sont susceptibles de gêner la progression de l'air vers les poumons et d'entraîner un ronflement.

Mécanismes du ronflement

Pourquoi certaines personnes ronflent-elles et d'autres non ? Le ronflement est dû à des modifications dans la morphologie et le fonctionnement des voies aériennes supérieures (VAS) pendant le sommeil. En général, le calibre des VAS des ronfleurs est inférieur à celui des non ronfleurs. Pendant le sommeil, la diminution du tonus des muscles de la gorge favorise l'affaissement du pharynx et l'augmentation de la résistance des VAS à l'écoulement de l'air : ces modifications sont plus prononcées chez les ronfleurs que chez les non ronfleurs. Des anomalies morphologiques, même bénignes, jouent également un rôle favorisant : pharynx trop étroit, voile du palais trop épais ou trop long, langue trop grosse, etc. Tous ces facteurs entraînent un rétrécissement des voies respiratoires supérieures, favorisant la vibration du voile du palais et des parois du pharynx. Lorsque ces vibrations atteignent un certain seuil, un ronflement se fait entendre.

Du ronflement à l'apnée

Si le passage de l'air est gêné, les parois du pharynx se mettent à vibrer : le sujet ronfle. Si le passage de l'air est vraiment très réduit, la base de la langue agit comme une soupape. L'air ne passe plus du tout et si ce phénomène se répète, le ronfleur souffre d'apnée obstructive. Le syndrome d'apnées s'accompagne presque toujours de ronflements.

Le ronflement en quelques chiffres

Hommes, femmes et enfants sont susceptibles de développer un ronflement habituel ou occasionnel.

Ronflement habituel contre ronflement occasionnel

Le ronflement habituel survient toutes les nuits ou presque, tandis que le ronflement occasionnel survient moins souvent, par exemple une à trois fois par semaine. La fréquence du ronflement augmente avec le poids : les personnes en surpoids souffrent plus souvent de ronflement que les personnes sveltes. Elle augmente aussi avec l'âge, surtout après 40 ans, avec un pic vers la soixantaine. Après 60 ans, la prévalence du ronflement diminue chez l'homme mais elle reste stable chez la femme. Les chiffres du ronflement habituel et du ronflement occasionnel varient fortement selon les études, les méthodes utilisées et les personnes interrogées (les ronfleurs eux-mêmes ou leur conjoint). Par exemple, dans une étude menée en France, environ 35 % des hommes contre 15 % des femmes ronflaient de façon habituelle alors que dans une autre étude, des chiffres bien supérieurs ont été obtenus. Quant au ronflement occasionnel, les chiffres de prévalence peuvent atteindre 60 % chez les hommes et 40 % chez les femmes.

La prévalence

La prévalence se définit comme la proportion d'une population donnée présentant une maladie ou une condition particulière (telle que le ronflement) à un instant donné.

L'interrogatoire du conjoint est crucial

Souvent, le ronfleur n'a pas conscience de ronfler. L'interrogatoire du conjoint révèle alors un ronflement que le principal intéressé ignorait ou qu'il croyait être de moindre importance. Selon une récente étude basée sur des questionnaires, 63 % des hommes et 37 % des femmes âgés de 40 à 65 ans affirment ronfler. Pourtant, lorsque cette même étude interroge les conjoints, les chiffres grimpent en flèche. Ainsi, 85 % des hommes et 55 % des femmes étaient considérés comme des ronfleurs par leur conjoint. Il convient toutefois de noter que dans les études utilisant des questionnaires, les réponses sont par définition subjectives. En effet, l'évaluation précise de la prévalence du ronflement par interrogatoire est impossible car ni le ronfleur, ni son conjoint ne sont objectifs. L'un comme l'autre risquent de minimiser ou au contraire, d'exagérer la situation.

Des outils de mesure objectifs

Il y a peu de temps encore, les chiffres concernant la prévalence du ronflement étaient basés sur des questionnaires soumis aux sujets eux-mêmes ou à leur conjoint. Comme nous venons de le voir, ces chiffres sont peu fiables. Une étude valable nécessite un outil de mesure plus objectif, comme la polysomnographie, qui détermine avec précision l'Index de Ronflement, soit le nombre de ronflements par heure de sommeil. Il s'est avéré que les chiffres obtenus par cette méthode étaient bien supérieurs à ceux basés sur l'interrogatoire. D'après une étude française basée sur cet index, plus de 80 % des hommes de 40 à 65 ans ronflent pendant au moins un dixième de la nuit, dont 22 % pendant plus de la moitié de la nuit.

Prévalence du ronflement chez l'enfant

Le ronflement n'épargne pas les enfants. Selon une étude récente, il toucherait entre 3 et 10 % des enfants, filles et garçons confondus, avec un pic entre 2 et 5 ans. Les facteurs de risque sont très divers : rhume, asthme, amygdales trop volumineuses, végétations ou morphologie particulière des voies aériennes supérieures. Plus rarement, des maladies neuromusculaires ou des anomalies de la forme de la mâchoire, du menton, etc., sont mises en cause.

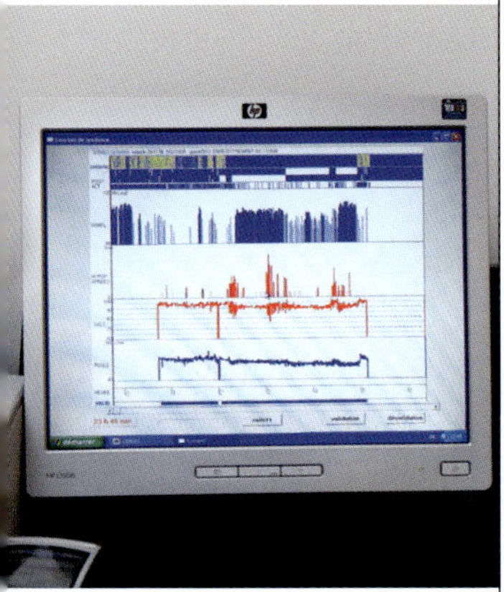

Polysomnographie

L'Index de Ronflement

La subjectivité et le manque de précision des réponses obtenues lors de l'interrogatoire du présumé ronfleur ou de son conjoint ont rendu nécessaire la définition d'un Index de Ronflement (IR), mesuré par polysomnographie. L'IR correspond au nombre de ronflements émis par heure de sommeil.

Mesure du ronflement

Lorsqu'un ronflement pathologique est suspecté, l'évaluation du ronflement dans un laboratoire du sommeil s'impose pour établir un diagnostic.

Les critères du ronflement

Comme tout autre bruit, le ronflement se définit par différents critères, comme son intensité, sa fréquence, son timbre et sa durée. D'autres facteurs doivent également être pris en compte. L'enregistrement du sommeil en laboratoire permet de déterminer à quel moment, ou stade du sommeil, débute le ronflement, combien de fois il se répète, s'il est exclusivement inspiratoire ou également expiratoire, etc.

Le rôle du microphone

Les techniques d'enregistrement, non standardisées, varient selon les laboratoires du sommeil, mais l'utilisation du microphone est incontournable. En revanche, son emplacement varie et parfois, deux microphones sont utilisés. Il peut être suspendu au-dessus de la tête du sujet, à une distance variable, ou être fixé directement sur le patient, au niveau du cou, du sternum ou du front. Les patients le tolèrent généralement bien. Il est d'ailleurs possible de le fixer après l'endormissement, pour un confort maximal. Placé au niveau du cou, le microphone enregistre les bruits liés au passage de l'air dans la trachée lors de l'inspiration et de l'expiration : les bruits trachéaux. L'analyse informatique de l'enregistrement permet de détecter la présence d'un ronflement, d'en évaluer l'intensité et de repérer clairement les phases de silence, ou apnées. Le type de ronflement émis peut être déterminé, permettant de distinguer un bruit respiratoire normal et bénin d'un ronflement avec apnées.

Intensité et fréquence du ronflement

Le critère d'intensité, s'il est utilisé dans la plupart des cas, n'est pas fermement établi par des standards. Selon les sources, le niveau de bruit définissant un ronflement « fort » se situe entre 45 et 95 décibels. Les mesures sont prises par les électrodes et traitées informatiquement, mais les observations des techniciens du laboratoire sont également prises en compte. Le conjoint du ronfleur peut d'ailleurs révéler des informations sur la fréquence du ronflement. Certaines personnes ne ronflent pas toutes les nuits, au grand soulagement de leur conjoint. L'Index de Ronflement, c'est-à-dire le nombre de ronflements émis par heure de sommeil, et la durée du ronflement permettent d'établir la sévérité du trouble.

Les enregistreurs ambulatoires

Les appareils d'enregistrement, souvent équipés de cartes mémoires plutôt que de cassettes, sont peu encombrants. Il existe de nombreux enregistreurs ambulatoires que le patient peut ramener à son domicile. Notez toutefois que l'enregistrement du sommeil à domicile n'est pas toujours concluant à cause du manque de surveillance ou d'une mauvaise utilisation du matériel. En plus de l'enregistrement du ronflement, un capteur de position et une pince digitale d'oxymétrie permettent d'associer la survenue d'un ronflement à la position du patient ou à une chute du taux d'oxygène dans le sang, évocatrice d'une apnée.

Le ronflement simple : un risque pour ma santé ?

La réponse à cette question n'est pas aisée et les experts ne sont pas tous unanimes sur ce point. Explications.

Le ronflement favorise-t-il les maladies du cœur ?

Au cours des dernières décennies, de nombreuses études cliniques ont analysé la relation entre le ronflement et certaines maladies du cœur et des vaisseaux. Les premières études se sont intéressées aux effets du ronflement sur la pression artérielle. À l'exception d'une seule étude, toutes concluaient que l'hypertension artérielle était plus fréquente chez les ronfleurs que chez les non ronfleurs. Le ronflement favoriserait-il la survenue d'une hypertension artérielle ? Pas nécessairement ! En effet, en scrutant les résultats des études, les scientifiques se sont rendus compte que l'association entre ronflement et hypertension pouvait aussi s'expliquer par l'existence de « facteurs confondants ». En effet, le ronflement et l'hypertension artérielle augmentent tous deux avec l'âge et sont favorisés par le surpoids. La coexistence de l'hypertension et du ronflement chez un même malade pourrait donc être une simple coïncidence, et non une relation de cause à effet ! Plus récemment, des études associant mesures de la pression artérielle et mesures du ronflement n'ont prouvé aucune relation entre ronflement simple et hypertension. Le ronflement isolé ne semble donc pas favoriser la survenue d'hypertension artérielle.

Ronflement n'est pas apnée !

Notez également que la plupart des études consacrées à la relation entre ronflement et hypertension artérielle étaient basées sur de simples questionnaires, sans enregistrements polysomnographiques. D'après les experts, il est possible que certains des ronfleurs recrutés pour les études aient souffert d'apnées du sommeil méconnues, et non de ronflement simple. Or, il est établi que l'apnée du sommeil, elle, favorise la survenue d'hypertension artérielle. D'abord nocturne, cette hypertension peut devenir permanente avec le temps.

En ce qui concerne les autres maladies cardiovasculaires, il n'existe aucune étude scientifique qui réponde à la question. D'après la communauté scientifique, il est peu probable que le ronflement simple, non accompagné de somnolence diurne, puisse favoriser la survenue d'infarctus du myocarde ou d'accidents vasculaires cérébraux.

Le ronflement, une simple nuisance sonore ?

Si le ronflement simple ne favorise pas la survenue de maladies cardiovasculaires, n'est-il pour autant qu'une simple nuisance sonore ? Pas si sûr ! Les gros ronfleurs se plaignent fréquemment de somnolence, conséquence, selon les spécialistes, d'une fragmentation du sommeil. Cette fragmentation serait elle-même due à des micro-éveils provoqués par les efforts respiratoires accrus que doit fournir le ronfleur. Ainsi, ce syndrome se distingue du ronflement simple et du syndrome d'apnées : il a été baptisé « Syndrome de Haute Résistance des Voies Respiratoires Supérieures ». L'impact de ce syndrome sur la santé fait l'objet de nombreux débats.

Polysomnographie

Ce terme est dérivé du grec : « poly », qui signifie « nombreux », « somno », qui signifie « durant le sommeil » et « graphie », qui fait référence au fait « d'en garder la trace ». Cet examen consiste à enregistrer simultanément de nombreux signaux physiologiques pendant le sommeil. La polysomnographie est l'examen clé dans le diagnostic des apnées du sommeil.

Syndrome d'Apnées du Sommeil

Dans le SAS, les apnées s'accompagnent de ronflements bruyants, de micro-éveils fréquents et d'une chute du taux d'oxygène dans le sang. À long terme, ces micro-éveils sont responsables d'un stress cardiovasculaire et de modifications hormonales. Il en résulte un risque accru de maladies cardiovasculaires. Ainsi, contrairement au ronflement simple, les apnées répétées ont un impact sur notre santé.

Le ronflement chez l'enfant

Le ronflement s'observe principalement chez les adultes. Pourtant, les enfants peuvent eux aussi en être victimes. S'il n'y a pas lieu de s'alarmer, il faut toutefois instaurer une surveillance attentive.

Particularités du ronflement chez l'enfant

Souvent source d'inquiétude pour les parents, le ronflement de l'enfant doit faire l'objet d'une vigilance car il peut cacher une apnée obstructive du sommeil.

Le ronflement témoigne d'un obstacle au passage de l'air, qui emprunte successivement le nez, le pharynx, le larynx et la trachée pour atteindre les poumons. Chez l'enfant, les trois causes les plus fréquentes de ronflement sont : 1) l'augmentation du volume des amygdales palatines, ce qui entrave le passage de l'air au niveau du pharynx, 2) l'obstruction nasale due à une rhinite, le plus souvent d'origine allergique et, 3) la présence d'une hypertrophie adénoïdienne, autrement dit d'un gonflement des végétations situées derrière les fosses nasales.

Environ 7 à 13 % des enfants d'âge préscolaire sont atteints de ronflement banal. Quant au Syndrome d'Apnée Obstructive du Sommeil, il toucherait entre 2 à 3 % des enfants, avec une prédominance entre l'âge de 2 et 5 ans. Alors que chez l'adulte, le

Complications de l'apnée obstructive du sommeil

L'apnée obstructive du sommeil de l'enfant est loin d'être anodine : elle peut engendrer un retard staturo-pondéral et psychomoteur. Dans une minorité de cas, cette apnée se complique d'hypertension artérielle et d'un mauvais fonctionnement du cœur. C'est pourquoi un diagnostic et un traitement précoces sont indispensables.

ronflement touche davantage les hommes que les femmes, les garçons et les filles en sont atteints à parts à peu près égales.

Ce qui doit éveiller les soupçons...

Face à un enfant qui ronfle, veillez à l'apparition de signes révélateurs d'une apnée obstructive du sommeil. Typiquement, dans ce cas de figure, l'enfant dort mal, son sommeil est agité, il transpire beaucoup et éprouve des difficultés à se lever le matin. Certains enfants font à nouveau pipi au lit alors qu'ils étaient propres. Par ailleurs, durant le sommeil, les ronflements de l'enfant sont entrecoupés de pauses respiratoires avec reprises bruyantes de la respiration. Durant la journée, les enfants peuvent être somnolents mais le plus souvent, ils sont plutôt agités et hyperactifs. Chez les enfants plus grands, des difficultés de concentration et une baisse des performances scolaires ne sont pas rares. Chez ces enfants, les infections bactériennes sont fréquentes, se traduisant par des rhumes, des angines et des otites répétés.

Que faire ?

Il n'est pas nécessaire de traiter le ronflement si l'enfant ne fait pas d'apnées du sommeil, s'il dort bien, si sa croissance est normale et s'il ne fait pas de rhinopharyngites et d'otites à répétition. Par contre, en cas d'apnées du sommeil, un traitement est absolument indispensable. Celui-ci vise à éliminer la cause de l'obstacle au passage de l'air et donc, la cause du ronflement. L'augmentation du volume des amygdales palatines et des végétations étant la principale cause de l'apnée obstructive du sommeil, leur résection est souvent la solution au problème. Cette intervention, appelée adéno-amygdalectomie, permet généralement la disparition de tous les symptômes et la reprise de la croissance staturo-pondérale.

FACTEURS FAVORISANT LE RONFLEMENT

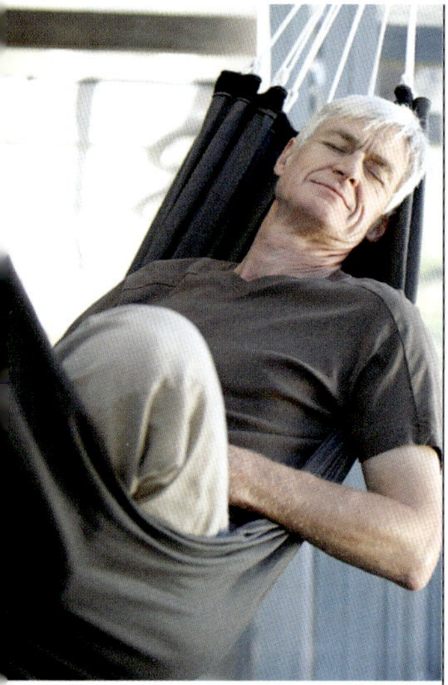

Âge, sexe et hérédité

La plupart des facteurs du ronflement sont connus. Certains sont indépendants de notre volonté et donc, non corrigeables. D'autres, au contraire, sont rectifiables et méritent nos efforts.

Le ronflement est-il héréditaire ?

Le ronflement n'est certes pas une maladie génétique, transmissible de génération en génération. Toutefois, certains facteurs favorisant le ronflement peuvent être transmis des parents aux enfants. Pour ne citer que quelques exemples, notons certaines caractéristiques morphologiques de la mâchoire ou du pharynx. Ainsi, le ronflement lui-même n'est pas héréditaire, mais la prédisposition à ronfler peut l'être. Une grande étude américaine a d'ailleurs clairement établi qu'il existait une relation entre ronflement habituel et antécédents familiaux de ronflement. Plus simplement, les ronfleurs ont souvent des grands-parents, parents, oncles ou tantes qui ronflent ou ont ronflé. Autrement dit, si votre père est un grand ronfleur, vous courez le risque de le devenir aussi… si vous ne l'êtes déjà. Sachez cependant que l'hérédité ne joue qu'un rôle mineur dans le ronflement.

Plus on vieillit, plus on ronfle ?

Les études sont unanimes : le ronflement dépend de l'âge ou, plus précisément, l'âge a une influence sur le ronflement. Dans les deux sexes, la fréquence du ronflement s'accroît avec l'âge pour atteindre un pic aux environs de la soixantaine. Elle décline par la suite chez les hommes mais reste stable chez les femmes. Fait peu connu, les enfants peuvent eux aussi ronfler ! Certains commencent dès l'âge de 2 ans. Toutefois, le ronflement de l'enfant est le plus souvent secondaire à une hypertrophie des amygdales ou des végétations. En augmentant de volume, ces tissus obstruent les voies aériennes et contribuent ainsi au ronflement.

Pourquoi y a-t-il plus de ronfleurs que de ronfleuses ?

À cet égard aussi, les études s'accordent : les hommes sont plus nombreux à ronfler et ronflent plus fort que les femmes. Les raisons de cette inégalité sont diverses. Certains facteurs de ronflement concernent davantage les hommes, notamment l'alcool et le tabac. Toutefois, à eux seuls, ils ne suffisent pas à expliquer la différence entre les sexes en matière de ronflement. D'autres facteurs semblent entrer en jeu comme par exemple des différences anatomiques ou fonctionnelles des voies respiratoires supérieures. Ainsi, chez les hommes, une résistance accrue des voies respiratoires est plus fréquente. Chez les femmes au-delà de la cinquantaine, après la ménopause plus précisément, la prévalence du ronflement s'accroît et, selon certaines études, elle dépasserait même celle des hommes.

La ménopause

La ménopause est un processus naturel qui survient progressivement entre 45 et 55 ans. Il s'agit d'une période de transition dans la vie des femmes, marquée par l'arrêt des menstruations. Les symptômes à court terme reflètent la chute du taux d'œstrogènes dans le sang. Ces manifestations, de fréquence et d'intensité très variables d'une femme à l'autre, incluent bouffées de chaleur, troubles de l'humeur, prise de poids, etc. Parmi les complications à long terme, citons en premier lieu la déminéralisation des os, qui rend les femmes sujettes aux fractures.

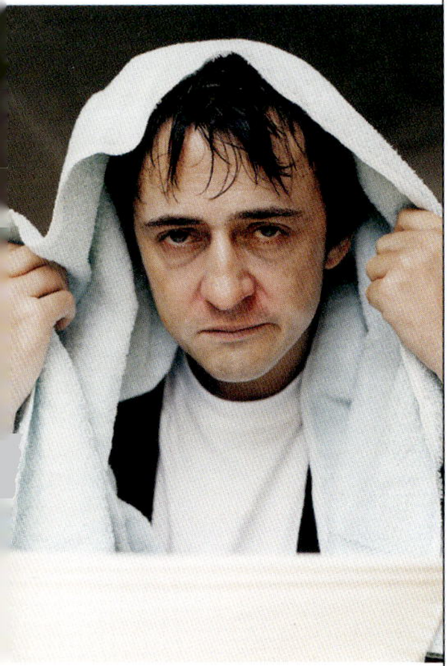

Rhume et allergies

Le ronflement peut aussi être favorisé par un nez bouché à cause d'un rhume ou, chez l'enfant, par des végétations ou des amygdales volumineuses.

Rhinite allergique

Connue sous le nom de « rhume des foins », la rhinite allergique est une inflammation aiguë de la muqueuse du nez, de la gorge et des yeux. Elle se manifeste par la triade classique : éternuements à répétition, nez qui coule et nez bouché. D'autres symptômes peuvent s'y ajouter, notamment le ronflement.

Ces symptômes résultent d'une réaction excessive du système immunitaire envers une substance étrangère au corps dénommée allergène. Lorsque cette substance étrangère entre en contact avec les voies respiratoires, le système immunitaire déclenche une réaction inflammatoire responsable de symptômes, dont le nez bouché, source de ronflement.

La première étape du traitement consiste à éviter l'exposition aux allergènes, s'ils sont connus. Lorsque ces mesures d'éviction s'avèrent insuffisantes, la prise de médicaments, tels que les antihistaminiques, peut être indiquée.

Végétations

Chez l'enfant, les végétations représentent une formidable défense contre les infections. En forme de petits coussinets, elles se situent à l'arrière des fosses nasales, au-dessus des amygdales. Chez certains enfants qui souffrent d'infections respiratoires répétées, ces végétations augmentent fortement de volume. Elles risquent alors d'obstruer le passage de l'air. Les végétations sont souvent responsables de ronflement et de réveils fréquents durant la nuit.

Lorsque les symptômes sont modérés, aucun traitement n'est nécessaire car le volume des végétations diminue naturellement avec l'âge. Toutefois, lorsque l'enfant souffre de ronflements persistants ou d'otites répétées, une consultation chez un oto-rhino-laryngologiste s'impose. Une ablation des végétations, ou adénoïdectomie, est parfois nécessaire. Cette intervention de 30 à 40 minutes peut être pratiquée en hôpital de jour.

Amygdales gonflées

Tout autre obstacle entravant la bonne circulation de l'air entre le nez et le larynx est susceptible de causer un ronflement. L'hypertrophie des amygdales est une cause fréquente de ronflement chez l'enfant. Elle est d'ailleurs parfois à l'origine de véritables apnées du sommeil. En effet, lorsque les amygdales sont gonflées, les végétations le sont souvent aussi, ce qui provoque une obstruction chronique des voies aériennes. Pendant le sommeil, l'activité des muscles dilatateurs du pharynx diminue et l'obstruction devient alors totale. La chute du taux d'oxygène dans le sang qui en résulte risque d'avoir des répercussions sur le développement psychomoteur de l'enfant.

L'ablation des amygdales, aussi appelée amygdalectomie, est alors une véritable urgence. Elle permet de dégager les voies respiratoires, de réduire les angines et les otites de même que le ronflement et les apnées du sommeil.

Allergène

Il s'agit d'une substance capable de provoquer une réaction allergique chez un sujet préalablement sensibilisé. Parmi les allergènes, citons les pollens des arbres, des herbes et des graminées. Des arachnides microscopiques vivant dans les tapis et moquettes, les acariens, sont aussi souvent incriminés. Les squames de ces animaux, omniprésents, peuvent être à l'origine d'une rhinite chronique...et de ronflements !

Surpoids et obésité

Alors que l'âge, le sexe et l'hérédité sont des facteurs non modifiables, d'autres facteurs de ronflement peuvent être corrigés, notamment la surcharge pondérale ou l'obésité.

À quoi correspond l'Indice de Masse Corporelle ?

Nous sommes nombreux à ne pas faire la distinction entre surpoids et obésité. L'Organisation Mondiale de la Santé (OMS) a introduit la notion d'Indice de Masse Corporelle (IMC) pour évaluer les risques liés à la surcharge pondérale. Cet indice est une valeur calculée à partir du poids et de la taille d'une personne. Initialement, il était uniquement valable pour les adultes, hommes ou femmes, de 18 à 65 ans. Aujourd'hui, il est également calculé pour les enfants et les adolescents.
L'OMS définit le surpoids chez l'adulte comme un IMC entre 25 et 29,9. Elle définit l'obésité comme un IMC égal ou supérieur à 30. Un IMC égal ou supérieur à 35 est synonyme d'obésité morbide. Le terme en dit long : à cette dernière forme d'obésité se greffent de nombreuses complications de santé.

Complications de l'obésité

Une fois installée, l'obésité est une grande pourvoyeuse de complications. Pour ne citer que quelques exemples, un IMC supérieur à 30 favorise la survenue de diabète sucré, d'hypertension artérielle, de maladie coronaire ou d'insuffisance cardiaque.

Qui dit obèse, dit ronfleur

Ce n'est plus un secret : le ronflement survient volontiers chez les sujets obèses. Plus précisément, il est deux à trois fois plus fréquent chez les sujets dont l'IMC dépasse 30 que chez les sujets de poids normal. Les études cliniques ont confirmé que chez les obèses, les altérations des fonctions respiratoires étaient plus fréquentes, tout particulièrement le Syndrome d'Apnées du Sommeil. D'ailleurs, l'obésité est aujourd'hui considérée

comme un facteur de risque pour ce fameux syndrome. Véritable menace pour notre santé, le Syndrome d'Apnées du sommeil est traité en deuxième partie de ce livre.
Caractérisée par un excès de masse grasse dans le corps, l'obésité résulte la plupart du temps d'un déséquilibre entre l'apport calorique quotidien et les dépenses énergétiques. L'organisme reçoit plus qu'il ne dépense et stocke le surplus sous forme de dépôts adipeux, encore appelés tissus graisseux. Bien entendu, ces dépôts adipeux s'observent principalement au niveau du ventre, des cuisses et des bras. Toutefois, l'infiltration de graisses concerne aussi les parois latérales du pharynx, la base de la langue et la luette, voire des organes internes comme le foie et le cœur. Au niveau du pharynx, en aggravant le rétrécissement des voies aériennes, l'obésité favorise le ronflement.

Le surpoids n'est pas anodin

Tout ce qui vient d'être dit pour l'obésité est vrai, du moins partiellement, pour la surcharge pondérale. S'il est vrai que l'obésité est plus grave que le surpoids, le surpoids n'est pas anodin pour autant. À l'instar de l'obésité, il favorise le ronflement. Les facteurs à l'origine du ronflement chez la personne obèse le sont aussi, dans une moindre mesure, chez la personne en surpoids. Sachez que souvent la différence entre surpoids et obésité ne tient qu'à quelques kilos. Alors, prenez de bonnes résolutions dès maintenant : mangez moins, mangez mieux et bougez beaucoup.

Indice de Masse Corporelle et obésité

L'Indice de Masse Corporelle, IMC en abrégé, est aussi appelé Indice de Quételet car il a été inventé par le scientifique belge Jacques Quételet au XIXème siècle. L'OMS a défini l'Indice de Masse Corporelle comme la norme pour évaluer les risques liés à la surcharge pondérale et à l'obésité chez l'adulte.
L'obésité est aujourd'hui une maladie reconnue, car elle peut engendrer de sérieux problèmes tant physiologiques que psychologiques.

Alcool, tabac et tranquillisants

En dehors du surpoids et de l'obésité, les autres facteurs de ronflement sont l'alcool, la prise de tranquillisants, de somnifères et le tabac.

Stop à l'alcool

Les ronfleurs eux-mêmes sont au courant, car on le leur a répété de nombreuses fois : l'alcool aggrave le ronflement. Pourquoi ? L'alcool favorise le relâchement de la plupart des muscles, y compris des muscles dilatateurs du pharynx. Par ce biais, l'alcool réduit le calibre des voies aériennes et augmente la résistance à l'écoulement de l'air inspiré. Ce faisant, il favorise le ronflement. L'effet sur le ronflement, lorsque l'alcool est pris en soirée, est maximal dès la première heure de sommeil et diminue par la suite.

Rappelons que les muscles dilatateurs du pharynx affectent la position de la langue. Sous l'empire de l'alcool, la langue bascule vers l'arrière, s'accole contre la paroi du pharynx et bloque le passage de l'air. Ainsi, après avoir bu quelques verres, même des ronfleurs simples sont susceptibles de présenter des apnées du sommeil. L'alcool provoque également une diminution du temps total de sommeil, une fragmentation du sommeil ainsi qu'une réduction significative du sommeil paradoxal. Le sommeil étant moins réparateur, fatigue et troubles de la mémoire ou de l'attention font leur apparition durant la journée. L'apnée du sommeil sera l'objet de la seconde partie de ce

La France détient tous les records !

Parmi les pays européens, la France détient le record de consommation de tranquillisants. Elle en consomme huit fois plus que la Grande-Bretagne et cinq fois plus que ses voisins d'outre-Rhin.

livre. Sachez toutefois que les ronfleurs « simples » eux aussi ont tout intérêt à arrêter l'alcool pour moins ronfler !

Stop aux tranquillisants et aux somnifères

Les tranquillisants et les somnifères ont des effets similaires à l'alcool : ils agissent en réduisant la tonicité des muscles, et plus particulièrement des muscles pharyngés. L'alcool amplifie d'ailleurs l'effet des somnifères : les personnes qui abusent à la fois d'alcool et de tranquillisants ou somnifères ronflent encore davantage. L'alcool, les somnifères et avant tout le cocktail alcool somnifères sont donc à proscrire pour épargner aux autres un ronflement trop bruyant.

À l'instar de l'alcool, la plupart des somnifères désorganisent l'architecture du sommeil normal : le sommeil léger augmente tandis que diminuent le sommeil profond et le sommeil paradoxal. Résultat : votre sommeil est moins réparateur et vous vous sentez fatigué durant la journée. Pour cette raison, ne prenez de somnifères que lorsqu'ils sont vraiment indispensables !

Stop à la cigarette

Le tabac fait des ravages dans les voies aériennes supérieures. Responsable d'une perte d'élasticité des parois, il provoque une irritation chronique des tissus mous de la gorge. Il en résulte un rétrécissement du calibre du pharynx, qui gêne le passage de l'air inspiré et provoque le ronflement.

La limite à ne pas dépasser

L'alcool rime souvent avec convivialité et détente. Mais que considère-t-on comme une consommation « raisonnable » ? En guise de repère, l'OMS préconise de ne pas boire plus de 2 unités (soit 20 g d'alcool) par jour pour une femme et pas plus de 3 unités (soit 30 g d'alcool) par jour pour un homme. En outre, il est recommandé d'être abstinent durant une journée par semaine. Pour atténuer le ronflement, ne buvez pas d'alcool le soir.

QUE PUIS-JE FAIRE ?

Perdre du poids en modifiant son alimentation

Une mauvaise alimentation peut provoquer un surpoids, susceptible de favoriser le ronflement. Perdre du poids est un moyen simple de diminuer le ronflement. À cette fin, modifiez durablement vos habitudes alimentaires.

Quelques conseils au quotidien

Lorsque vous n'avez pas faim, vous sautez simplement le repas ? Grave erreur ! Le petit-déjeuner et le déjeuner méritent toute votre attention. Le dîner en revanche, ne doit pas être trop copieux car vous brûlez peu de calories entre le repas et le coucher. Vous connaissez désormais une règle d'or de tout régime amaigrissant : ne jamais faire l'impasse sur un repas. Vous pouvez maintenant commencer votre régime. Si vous ne vous en sentez pas capable seul, demandez conseil à un nutritionniste. En s'appuyant sur un bilan de vos habitudes alimentaires, en termes d'apports caloriques, il vous aide à connaître les aliments qui sont bons pour vous et ceux qu'il vous faut éviter à tout prix, comme les aliments riches en graisses animales et en sucres.

Les amuse-gueule

Pour un apéritif sain et sans complexe, supprimez l'alcool et oubliez le traditionnel saucisson sec, les chips et autres amuse-gueule gras et calori-

Pâté et fromage

Petit conseil aux amateurs de pâté et de tarama : ayez la main légère lorsque vous préparez une tartine de ces produits, très riches en graisses, notamment en cholestérol. Mieux encore, n'en mangez plus du tout ou occasionnellement, une petite rillette de sardines ou de thon, tous deux riches en oméga-3. Quant aux mangeurs de fromage, pas de panique. Le fromage ne vous est pas interdit au déjeuner, mais pensez à vous servir une portion raisonnable et à la couper en petits morceaux pour la faire durer.

ques. Servez à vos convives des crudités coupées en dés ou en bâtonnets : cornichons, tomates cerise, carottes, concombre, radis, etc. D'allure chic et saine, ces amuse-gueule sont à consommer sans modération avec une sauce au yaourt ou au fromage blanc allégés, assaisonnée d'épices, de fines herbes, de sel ou de poivre. À mille lieues des cacahuètes et des mini saucisses, pour un effet plus noble encore, pensez surimi, crevettes grises, moules, champignons de Paris et œufs de caille.

Pour perdre du poids, mangez des fruits

Rafraichissants et riches en vitamines, les fruits se laissent croquer à tout moment de la journée, où que vous soyez : au bureau, dans le parc, devant l'ordinateur ou la télé. Tous les fruits sont bons à prendre, et plus ils sont juteux, plus ils sont rafraichissants. Melons, nectarines, pêches, prunes et raisins sont particulièrement appréciables pendant ces longs mois d'été. Ne négligeons pas pour autant la pastèque, à partager bien sûr. De toutes les couleurs, ils seront du plus bel effet en salade pour compléter un repas estival. Si vous recherchez l'originalité, piquez des morceaux de fruits sur une brochette. Fatigué des classiques du supermarché ? Rendez-vous chez votre primeur pour y découvrir des fruits originaux, aux saveurs nouvelles ou simplement inhabituelles : pamplemousse, goyave, grenade, litchi, papaye, kumquat, etc.

La salade composée

Classique ou personnalisée, comme son nom l'indique, la salade composée est un mélange d'aliments. Pour vous faire plaisir tout en mangeant équilibré, voici le secret de la salade composée :

- Les glucides : riz, pâtes, semoules, maïs et légumes secs
- Les vitamines et les fibres : légumes crus et cuits
- Les protéines : œufs, viande et poisson
- Le calcium : fromage

Bougez, bougez, bougez !

Le ronfleur présente souvent un surpoids. Pour atténuer le ronflement, il suffit parfois de perdre quelques kilos. Un régime amaigrissant seul est rarement efficace. Pour mettre toutes les chances de votre côté, pratiquez une activité physique régulière.

Les premiers pas

Il n'est pas toujours facile d'entreprendre une activité physique et de s'y tenir. Il vous faut pourtant prendre votre courage à deux mains pour retrouver un meilleur sommeil et le silence de vos nuits. Ne remettez plus au lendemain ce que vous pouvez faire aujourd'hui, maintenant. Ça y est, vous êtes prêt ? Au début, ne placez pas la barre trop haut, car un exercice trop difficile risque de vous décourager. Si vous n'avez pas le temps de pratiquer un sport à proprement parler, pas de panique ! Il vous suffit de changer vos habitudes pour intégrer 30 minutes d'activité physique à votre quotidien.

L'activité physique au quotidien

L'activité physique n'est pas une perte de temps, surtout si elle soulage votre ronflement nocturne. Faire 30 minutes de sport par jour est à votre portée. Chez vous, au bureau ou chez le médecin, n'attendez plus l'ascenseur mais prenez les escaliers. Pour vous rendre en ville, utilisez les transports en commun plutôt que votre voiture. Ou mieux encore, descendez une station avant votre arrêt habituel, voire deux, pour marcher un peu. Si vous ne voulez pas tourner en rond pendant une heure à la recherche d'une place de parking, laissez la voiture au garage et hop, en selle ! À défaut de vélo pour vous défouler, votre chien apprécierait certainement des promenades plus longues et plus fréquentes. Vos enfants débordent d'énergie ? Emmenez-les en forêt le dimanche. En famille ou entre amis, la marche et l'air pur vous feront le plus grand bien.

Prenez votre temps

Se dépenser ne veut pas dire faire du sport à outrance. Le but de l'exercice est de repousser progressivement vos limites. Ainsi, fonctionnez par paliers, et fixez-vous un nouvel objectif régulièrement. Chaque semaine, chaque mois, peu importe. L'important est de progresser. Ne soyez pas impatient pour autant, augmentez progressivement votre niveau d'activité jusqu'à atteindre les 30 minutes recommandées par jour. Notez que vous pouvez diviser ces 30 minutes en trois fois 10 minutes. Ce n'est pas une compétition, pensez au lièvre et à la tortue. La tortue, bien que lente, a atteint la ligne d'arrivée.

Faites-vous plaisir

En plus de la marche et du vélo, il existe d'autres activités peu contraignantes et ludiques à pratiquer en semaine, pendant la pause déjeuner par exemple. Le secret de la réussite est de pratiquer des activités qui vous plaisent vraiment. Essayez-en plusieurs pour trouver celle qui vous correspond le mieux. Les clubs vous proposent souvent une séance gratuite de découverte. Allez-y avec un ami, un collègue, votre conjoint ou vos enfants, ce sera tellement plus agréable ! En vous inscrivant en début d'année, vous augmentez vos chances de ne pas être le seul « nouveau ».

Astuce pour un exercice d'intensité modérée

Pratiquer une activité physique d'endurance, oui, mais pas n'importe comment. Pendant une activité physique d'intensité modérée, vous devez pouvoir parler. Si ce n'est pas le cas, vous en faites trop, ralentissez. En revanche, vous ne devriez pas pouvoir chanter. Si vous parvenez à pousser la chansonnette, vous n'allez pas assez vite, accélérez !

Attention à l'alcool

Pour ronfler moins, réduisez votre consommation d'alcool et surtout, ne buvez pas le soir.

Que faire au quotidien ?

Les ronfleurs et leurs partenaires savent pertinemment que la consommation d'alcool aggrave le ronflement. Sans nécessairement bannir l'alcool de votre existence, vous pouvez néanmoins en diminuer votre consommation. Que vous soyez amateur de vin, de bière ou d'alcools forts, au cours des repas, pour étancher votre soif, à l'apéritif, en digestif ou en soirée, votre consommation d'alcool a des conséquences négatives sur votre organisme, notamment sur le plan nutritionnel. Eh oui, la prise d'alcool, boisson très calorique, anéantit tous les bienfaits d'un régime amaigrissant et favorise la prise de poids, autre facteur de ronflement. Ainsi, évitez les alcools forts « secs » ou les alcools mélangés avec du soda, un cocktail particulièrement calorique. Ne videz jamais votre verre d'une traite : vous absorberiez l'alcool sans profiter du goût et vous auriez tendance à vous resservir.

Les boissons de substitution

De nombreuses boissons attrayantes peuvent remplacer les alcools, notamment à l'heure de l'apéritif : jus de tomates, de carottes ou autres légumes, sodas light, bières sans alcool, apéritifs anisés sans alcool, jus de fruits « 100 % pur jus » (orange, pomme, poire, pamplemousse, etc.) et bien d'autres encore.

Attention à l'apéritif

L'apéritif est une tradition profondément ancrée chez les français. Au restaurant, chez des amis ou en famille, il précède souvent un repas bien arrosé. Prendre l'apéritif, c'est boire un verre, pas deux ni trois. La réponse à la question « je te ressers ? » est « non merci ». Il n'y a aucune honte à refuser un second verre ou un digestif, surtout si vous devez conduire pour ramener votre famille à bon port. Lorsque vous invitez, pourquoi ne pas proposer à vos convives un cocktail de fruits frais fait maison. Enfants et adultes apprécieront l'originalité de votre démarche et la fraîcheur des fruits. Au restaurant, pourquoi ne pas délaisser le whisky et autres apéritifs classiques au prix prohibitif pour essayer un cocktail original, sans alcool ?

Ne lésinez pas sur l'eau

Les restaurants, quel que soit leur nombre d'étoiles, ont tous un point commun : l'eau y est gratuite. Demandez systématiquement une carafe d'eau lorsque vous déjeunez ou dînez au restaurant. Adoptez la même démarche à la maison : si vous buvez du vin au repas, posez également un verre d'eau près de votre assiette. Ainsi, si vous avez besoin d'étancher votre soif après un plat particulièrement épicé, vous pouvez vous rafraîchir sans consommer d'alcool et les calories qui l'accompagnent. Gardez votre verre de vin pour plus tard, lorsque vous aurez retrouvé vos sensations gustatives.

L'eau du robinet a mauvais goût

Si l'eau du robinet n'est pas à votre goût, ajoutez-y quelques gouttes de citron ou quelques feuilles de menthe, voire du sirop (avec modération). N'oublions pas les jus de fruits « 100 % pur jus » et les eaux minérales plates ou gazeuses en bouteille. Le prix de l'eau en bouteille est toutefois assez élevé. Peut-être vaut-il mieux investir dans une carafe filtrante ou simplement laisser reposer l'eau du robinet pendant une nuit à l'air libre. Il suffit d'y penser !

Non à la cigarette !

Le tabac n'est pas uniquement responsable de nombreuses maladies, il fait aussi ronfler ! En effet, en faisant enfler les tissus de la gorge, la cigarette favorise le ronflement. Alors, un seul mot d'ordre : arrêter ! Voici quelques conseils...

Assurez-vous du soutien de vos proches

Arrêter de fumer n'est pas chose facile. Comme pour tout événement délicat de votre vie, le soutien de vos proches est déterminant. Ainsi, faites part à votre entourage de votre volonté d'en finir avec la cigarette et demandez à vos amis ou à votre famille de vous aider à surmonter ce tournant dans votre vie. Pourquoi ? Parce que par moments, en période de stress ou lors d'un repas convivial, vous éprouverez certainement une envie irrépressible d'allumer une cigarette. Vos proches seront là pour vous empêcher de craquer. Deuxième raison : vous culpabiliserez davantage à allumer une cigarette en sachant que des gens croient en vous.
Autres alliés dans ce parcours semé d'embûches : les médecins, pharmaciens et tabacologues. Ils ne peuvent que se réjouir de votre décision et vous encourager. Si vous n'êtes pas encore totalement convaincu qu'arrêter de fumer est un impératif, ces professionnels de la santé disposent d'arguments pour vous persuader des effets dévastateurs de la cigarette sur la santé. De plus, en mesurant votre degré de dépendance, votre médecin peut définir un véritable plan d'attaque. Il existe de nombreux substituts nicotiniques et médicaments anti-tabac. À vous de trouver la méthode qui vous convient.

Renoncez à vos vieilles habitudes

La cigarette est très souvent accompagnée de toute une série d'habitudes et de rituels. Certains fumeurs allument automatiquement une cigarette pour

accompagner le petit café de 10 heures. Pour d'autres, cigarette et alcool vont de paire. Quel fumeur pourrait nier qu'il ne consomme certaines cigarettes de la journée que par pur automatisme, par exemple dès sa sortie du travail ?
Ainsi, pour faciliter le sevrage tabagique, il est judicieux de mettre fin à ces « mauvaises habitudes » et d'en instaurer de nouvelles, plus saines. Si vous êtes un grand consommateur de café ou que vous avez l'habitude de boire un verre d'alcool de temps en temps, délaissez ces boissons durant quelques semaines, le temps d'être moins « fragile ». Lors de votre pause, au lieu de fumer une cigarette, mangez un fruit ou faites une promenade. Il ne s'agit là que d'exemples, mais ce principe de substitution d'habitudes se décline à l'infini. Efforcez-vous de l'appliquer à votre quotidien.

Occupez-vous !

L'ennui est un autre ennemi du sevrage tabagique. Organisez-vous à l'avance pour bien remplir votre emploi du temps. Essayez de prévoir le plus d'activités possibles pour occuper votre temps libre et ne pas penser à la cigarette. Dans le cadre du sevrage tabagique, le sport présente un double avantage : il permet d'évacuer la frustration liée au manque et par la même occasion, de limiter la prise de poids qui guette souvent les anciens fumeurs.

Sevrage tabagique et relaxation

Face à une situation stressante, certains trouvent refuge dans la nourriture, d'autres dans la cigarette. Les fumeurs s'imaginent souvent que le tabac est leur seul exutoire. Dramatique erreur ! La première stratégie consiste à éviter le stress en planifiant au mieux sa journée. Si un imprévu générateur de stress survient, il faut apprendre à gérer la situation autrement. La relaxation peut vous y aider. Yoga, training autogène, shiatsu... sont autant de techniques à essayer pour trouver celle qui vous correspond le mieux.

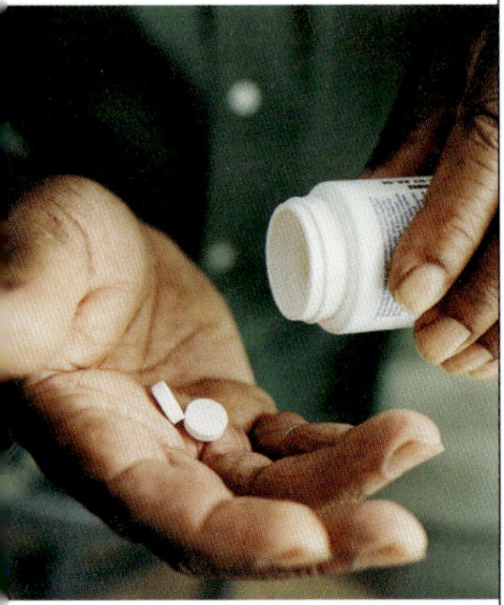

Prudence avec les médicaments !

Certains médicaments comme les somnifères ou les tranquillisants ont des effets indésirables, notamment celui de favoriser le ronflement.

Médicaments pour mieux dormir

Le stress lié au travail, les difficultés financières ou familiales provoquent souvent des problèmes d'endormissement auxquels la personne répond par la prise d'un « médicament pour mieux dormir » : le somnifère. Grave erreur ! Certes, ces petites pilules vous permettent de vous endormir plus vite, mais votre sommeil est de moindre qualité : il est moins réparateur que le sommeil naturel. Les somnifères, tout en induisant le sommeil, favorisent la relaxation des muscles, notamment ceux de la gorge, ce qui entraîne un ronflement. Au-delà de cet effet surtout gênant pour votre entourage, il existe un risque d'accoutumance. Sachez également que la prise d'alcool amplifie les effets des somnifères.

Autres pourvoyeurs de ronflement

D'autres médicaments aux propriétés sédatives favorisent le ronflement, bien que l'endormissement ne soit pas leur but premier. Antiémétiques pour les vomissements, antihistaminiques contre les allergies, myorelaxants pour le mal de dos et anxiolytiques (de la famille des benzodiazépines) pour l'anxiété sont autant de médicaments que nous sommes amenés à prendre un jour ou l'autre, sans nous soucier de leurs effets indésirables sur notre santé. Certaines benzodiazépines, par exemple, peuvent aggraver le problème, et même être à l'origine d'une apnée du sommeil chez un sujet déjà ronfleur.

Une alternative, la phytothérapie

La phytothérapie est le traitement des maladies par les plantes. N'ayez crainte, avec les plantes, il n'y a aucun risque d'aggraver votre ronflement ou celui de votre partenaire. Ainsi, pour mieux dormir, vous pouvez vous tourner vers des substances non médicamenteuses : les plantes médicinales. Plus naturelles et plus saines, elles aussi favorisent le sommeil ! Les tisanes et infusions ne sont pas vraiment votre tasse de thé ? Ce n'est pas un problème puisque ces plantes se déclinent également sous forme de comprimés, à prendre pour la plupart avec un simple verre d'eau, dans l'heure précédant le coucher.

Il existe plusieurs plantes favorisant le sommeil sans pour autant aggraver le ronflement. La camomille et le tilleul ont une action antispasmodique et sédative. La lavande, le houblon et la valériane soulagent l'anxiété et les troubles du sommeil, tandis que la passiflore combat l'insomnie, aide au sevrage des hypnotiques et améliore la qualité du sommeil. Si vous souffrez de troubles du sommeil plus sévères, tournez-vous vers des plantes plus puissantes, comme l'escholtzia ou pavot de Californie, qui associe une activité hypnotique à des effets antispasmodiques, sédatifs et analgésiques. Dans tous les cas, demandez conseil à votre pharmacien ou à votre médecin et pensez à leur signaler tout traitement en cours.

Les Français et les somnifères

Plus de 10 % de la population française se plaint de troubles du sommeil et consomme régulièrement des somnifères, tranquillisants ou psychotropes. Plus prescrits en France que dans les autres pays de l'Union Européenne, les somnifères sont au 5ème rang des médicaments les plus utilisés dans l'Hexagone. Bilan de ces dernières années : en France, les somnifères sont trop souvent et trop facilement prescrits.

Mesures diverses

Au-delà des traitements conventionnels anti-ronflements, d'autres solutions sont à votre disposition pour réduire votre ronflement.

Dormir sur le ventre

Lorsque vous dormez sur le dos, votre langue a tendance à obstruer partiellement votre pharynx, réduisant par la même occasion le volume de l'air qui y transite. Pour éviter cette gêne, dormir sur le coté, c'est bien. Dormir sur le ventre, c'est encore mieux. Mais qu'en est-il du reste de votre corps ? Tournez la tête sur le côté en posant votre menton sur votre main ou sur votre oreiller afin de dégager au mieux votre nez et votre bouche. Attention, dormir sur le ventre ne permet pas de faire disparaître un ronflement majeur ou une apnée du sommeil. Avant même d'y songer, assurez-vous que votre position joue effectivement un rôle dans votre ronflement. Après cela, la difficulté est de garder la bonne position tout au long de la nuit, sans se retrouver sur le dos. Pour vous y aider, des solutions existent.

Les stimulateurs peuvent s'avérer utiles

Les stimulateurs électriques de poignets détectent les mouvements du ronfleur et le stimulent pour qu'il change de position. Des systèmes dits « d'alarme » fonctionnant sur le même principe existent également. Dès qu'un ronflement est détecté, un signal sonore incite le ronfleur à se mettre sur le côté ou mieux, sur le ventre. Un réglage minutieux de l'appareil en question s'impose afin que les vibrations de l'appareil ne le réveillent pas inutilement. Notez toutefois que même à une intensité faible ou modérée, ces systèmes ont la réputation de perturber le sommeil du ronfleur, déjà fragile. Par ailleurs, un stimulateur pourra vous débarrasser d'un ronflement modéré mais pas d'un ronflement majeur.

Utilisez des oreillers anti-ronflements

Il existe différents types d'oreillers anti-ronflements : les systèmes de maintien du cou et les systèmes vibrants. Les oreillers anti-ronflements qui maintiennent le cou en hyperextension facilitent le passage de l'air dans les voies aériennes supérieures. D'autres oreillers s'apparentent aux stimulateurs électriques. Lorsqu'ils détectent un ronflement, ils émettent des vibrations pour inciter le ronfleur à changer de position. Certains modèles peuvent même enregistrer vos bruits respiratoires ! S'ils ne minimisent pas votre ronflement, ces oreillers gadget ont au moins le mérite de faire passer votre mauvaise foi en vous démontrant, preuve à l'appui, que vous ronflez.

Que pensez des sprays anti-ronflements ?

Les sprays anti-ronflements nasaux et buccaux sont le plus souvent à base d'eau, d'huiles naturelles et de lubrifiant (glycérine ou glycérol). Tous promettent de réduire voire d'éliminer votre ronflement. Leur principe ? Humidifier et lubrifier les muqueuses nasales (spray nasal) afin de les décongestionner ou, dans le cas du spray buccal, humidifier et lubrifier les tissus mous de la gorge pour minimiser leur vibration. Si la forme en spray menthe, agrumes ou autres ne vous convient pas, ces produits existent également sous forme de comprimés, à laisser fondre sous la langue. Attention, ces produits en vente libre ne sont pas des médicaments, ils n'ont été soumis à aucune étude clinique avant leur mise sur le marché. Leur efficacité est donc incertaine et leurs éventuels effets secondaires restent inconnus. En revanche, ils ont une solide réputation en tant que placebos.

Une question de bon sens

Le remède miracle existe peut-être, mais en attendant de le trouver, commencez par éliminer tous les facteurs favorisant le ronflement : alcool, tabac, somnifères, surpoids. Ensuite, adaptez votre environnement à votre sommeil : dormez dans une chambre bien aérée, bien humidifiée, en évitant les atmosphères surchauffées. Éliminez les nuisances sonores (radio, télé dans le salon, fenêtre ouverte, ordinateur en veille) et lumineuses (réveil, magnétoscope, volets non fermés). Pour finir, accordez à votre literie (sommier, matelas) l'importance qui lui est due : vous y passez environ 8 heures par jour, choisissez-la en conséquence.

LE RONFLEMENT AVEC APNÉES DU SOMMEIL

Charles Dickens

Il était une fois...

Le Syndrome d'Apnées du Sommeil (SAS) est une maladie relativement « jeune » puisque sa définition ne remonte qu'à 1976. Pourtant, elle est assez répandue, touchant 2 à 4 % des adultes.

Dionysius, monarque d'Héraclée

Les troubles respiratoires du sommeil étaient déjà bien connus dans l'Antiquité. Ainsi, Dionysius, monarque d'Héraclée, en Asie Mineure, était sans aucun doute atteint d'apnées du sommeil. Les chroniqueurs grecs le décrivent comme fortement obèse, s'essoufflant de plus en plus en prenant du poids, et sujet à de nombreuses crises de suffocation, en particulier durant son sommeil.

Le traitement prescrit par les médecins était plutôt étrange. Pour maintenir éveillé ce cher Dionysius, ils introduisaient des aiguilles dans son abdomen. Les aiguilles devaient être assez longues pour pouvoir traverser le tissu graisseux, insensible à la douleur. Lorsque ces aiguilles atteignaient enfin les zones musculaires, la douleur était si vive que le roi se réveillait en sursaut. Obèse, ronfleur et somnolent, Dionysius présentait déjà toutes les caractéristiques du SAS.

Charles Dickens et le syndrome de Pickwick

Dans sa première nouvelle, publiée en 1836, Charles Dickens nous a laissé une description détaillée des symptômes cliniques du SAS par le biais de son personnage le jeune Joe. Capable de s'endormir à tout moment, Joe est un énorme mangeur, sévèrement obèse, qui s'assoupit immédiatement après le repas, voire avant, en ronflant bruyamment. Pendant la journée, il est plutôt « ralenti », ses pieds sont gonflés, son visage rougeaud et bouffi. Affublé de toutes les caractéristiques du SAS – ronflement, somnolence et troubles de l'attention – ce personnage présente déjà des signes d'insuffisance cardiaque (le visage bouffi et les pieds gonflés).

Au jour d'aujourd'hui

Le vrai SAS n'a été individualisé en tant qu'entité clinique à part entière qu'en 1976. C'est à Christian Guilleminault que revient la description détaillée du syndrome. Alors que les apnées du sommeil étaient déjà connues à l'époque, Guilleminault a eu le mérite de définir le SAS en se basant sur un paramètre quantifiable : l'Indice d'Apnées. Cet indice correspond au nombre d'apnées par heure de sommeil et permet de distinguer le SAS du simple ronflement. Sachez que tout sujet obèse qui ronfle n'est pas nécessairement victime de SAS !

Dans les années 80, de nouvelles avancées technologiques, comme la polysomnographie et l'enregistrement des sons respiratoires, nous ont aidés à mieux comprendre tant le SAS que le ronflement simple. Durant cette période, les premiers essais thérapeutiques avec la « ventilation en pression positive » se sont soldés par des résultats très encourageants : le traitement « moderne » du SAS était né.

Polysomnographie

La polysomnographie est une technique qui enregistre simultanément de multiples signaux physiologiques durant le sommeil. Indolore pour le patient, cet examen est très contraignant pour le personnel soignant. Il nécessite la mise en place de nombreuses électrodes, qui transmettent des signaux neurophysiologiques. Ces signaux permettent de reconnaître les différents stades du sommeil et de décrire son architecture.

Le syndrome d'apnées en quelques mots

Alors que les troubles respiratoires nocturnes sont connus depuis l'Antiquité, l'individualisation du syndrome d'apnées en tant qu'entité clinique à part entière date uniquement de 1976.

En voici la définition...

• **Le Syndrome d'Apnées du Sommeil** se caractérise par des épisodes répétés d'obstruction complète ou partielle des voies respiratoires supérieures au cours du sommeil, sources d'apnées ou d'hypopnées. La définition de l'apnée est claire : arrêt de plus de 10 secondes du flux respiratoire. Quant à l'hypopnée, il n'existe pas de vrai consensus sur sa définition. À ce jour, l'hypopnée est le plus souvent définie comme une diminution du flux respiratoire d'au moins 50 % pendant plus de 10 secondes.

• **L'Index d'Apnées Hypopnées** (IAH), c'est-à-dire le nombre d'apnées et d'hypopnées par heure de sommeil, se calcule comme suit :

IAH = (nombre d'apnées + nombre d'hypopnées) / durée du sommeil (min) x 60

Des critères diurnes ET nocturnes sont nécessaires

Une valeur d'IAH n'a de sens que si elle se traduit par des signes cliniques. La survenue de plus de cinq événements respiratoires obstructifs par heure de sommeil est nécessaire pour pouvoir parler de syndrome d'apnées. Font partie de ces événements respiratoires les épisodes d'effort respiratoire et la diminution du flux respiratoire, voire son arrêt. La personne est alors en proie à des micro-éveils fréquents, responsables d'un sommeil non réparateur. Peuvent s'y ajouter des épisodes d'étouffement, des besoins fréquents d'aller aux toilettes, etc. Pourtant, des manifestations nocturnes seules sont insuffisantes pour parler de syndrome d'apnées : elles doivent obligatoirement être à l'origine de symptômes diurnes. Comptent parmi les symptômes diurnes la fatigue, l'hypersomnolence et les troubles de la concentration.

Apnée obstructive et apnée centrale

Le plus souvent, l'arrêt du flux respiratoire est dû à une obstruction des voies aériennes supérieures, tandis que le sujet persiste à faire des efforts respiratoires. Ainsi, les mouvements du thorax et de l'abdomen se poursuivent. Malgré tout, la contraction des muscles respiratoires n'est pas suffisante pour faire entrer l'air dans les poumons. Et pour cause : les voies aériennes supérieures sont obstruées. L'arrêt du flux respiratoire peut aussi être d'origine centrale. On parle alors d'apnée centrale du sommeil. Dans ce cas de figure, le cerveau cesse d'envoyer des commandes aux muscles respiratoires. Les mouvements du thorax et de l'abdomen sont interrompus. Contrairement aux apnées obstructives, les apnées d'origine centrale s'accompagnent souvent d'insomnies. Les personnes atteintes ne sont pas nécessairement en surpoids et leur moyenne d'âge est plus élevée que dans les apnées obstructives. Ces apnées centrales peuvent coexister avec une insuffisance cardiaque, une sclérose en plaque, une maladie de Parkinson, etc.

Tests pour déterminer la fatigue et l'hypersomnolence

Des tests permettent de déterminer les répercussions diurnes du syndrome d'apnées, notamment la fatigue et l'hypersomnolence. La méthode la plus simple est l'échelle de somnolence d'Epworth. Basée sur un simple questionnaire, elle détermine la probabilité d'endormissement lors de diverses activités de la journée.

Organisation cyclique du sommeil

Nous avons souvent l'impression de dormir de manière uniforme tout au long de la nuit. Il n'en est rien ! Le sommeil se compose de plusieurs stades, qui méritent d'être analysés de plus près.

Notre sommeil, un phénomène complexe

Lorsque nous dormons, notre sommeil suit un rythme bien précis. Il se décompose en quatre à six cycles. Chacun dure environ 90 minutes. Au cours d'un seul cycle du sommeil se succèdent cinq stades, chacun correspondant à une activité électrique bien particulière de notre cerveau. Les deux premiers stades sont assimilés au sommeil léger, contrairement aux deux suivants qui correspondent au sommeil profond. Le cinquième stade, également appelé sommeil paradoxal, est lui plus énigmatique. Il faut savoir que la proportion qu'occupe chacun des stades varie au fur et à mesure de notre sommeil. Ainsi, le sommeil paradoxal, peu important au début de la nuit, prend progressivement une place croissante. Quant au stade 1, il est uniquement présent au début du sommeil et lors du réendormissement après des réveils.

Sommeil léger

Le stade 1 du sommeil correspond au stade de l'endormissement. D'une durée très courte, il fait office de transition entre l'éveil et la veille. À ce stade, les éventuels sons qui nous entourent, comme un téléviseur en marche, sont encore intelligibles. Sur le plan physiologique, notre vigilance, notre rythme cardiaque et notre tonus musculaire s'abaissent. Notre sommeil est encore fragile et un rien suffit à le compromettre : mouvements ou ronflements du partenaire, lumière allumée brusquement, etc. Le stade 2 se caractérise par un

À chaque âge son rythme

La structure du sommeil varie avec l'âge. Ainsi, chez les nouveau-nés, la moitié de la durée du sommeil est occupée par le sommeil paradoxal. Pour un adulte jeune qui dort 7 à 8 heures par nuit, la durée de sommeil paradoxal est estimée à 1 h 30. Chez les personnes âgées, le sommeil paradoxal est écourté. Par ailleurs, le temps de sommeil profond est réduit chez les séniors et le stade 2 du sommeil est rallongé.

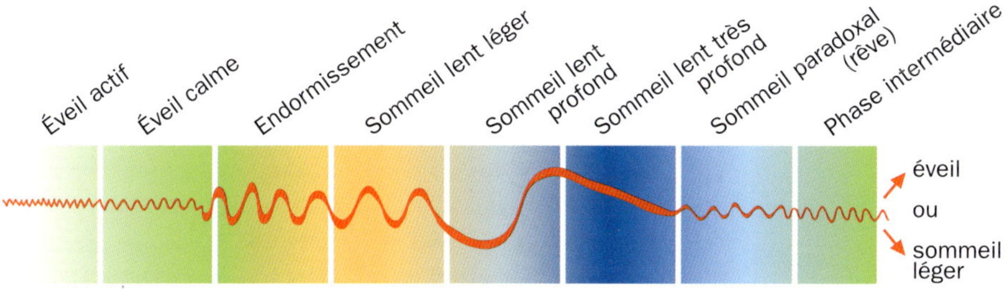

Un cycle de sommeil

Chaque cycle de sommeil se compose de 5 stades : l'endormissement, le sommeil lent léger, le sommeil lent profond, le sommeil lent très profond, le sommeil paradoxal.

sommeil lent et léger. À lui seul, ce stade occupe environ 50 % de la totalité du sommeil. Nous entendons encore les éventuels sons environnants mais sans les comprendre.

Sommeil profond

Le stade 3 marque le passage au sommeil profond. Le rythme cardiaque continue à se ralentir. Immobiles, nous respirons lentement et profondément. Le réveil est difficile. Ce stade représente 3 à 8 % du temps total de sommeil. Le stade 4 est lui aussi considéré comme un stade de sommeil profond. Représentant 10 à 15 % du temps total de sommeil, ce stade nous permet de récupérer de notre fatigue de la journée. Notez que l'hormone de croissance, qui permet aux enfants de grandir, est produite au cours de ce stade.

Sommeil paradoxal

Brusquement, en moins d'une seconde, nous entrons dans le stade 5 ou sommeil paradoxal. Alors que nous sommes profondément endormis, l'activité de notre cerveau est très intense, presque comparable à l'état de veille. D'autres particularités physiologiques apparaissent durant ce stade : mouvements rapides des yeux ainsi que fréquence respiratoire et rythme cardiaque irréguliers. À ce moment précis du sommeil, la personne rêve. Ainsi, le sommeil paradoxal est le stade des songes par excellence. Il occupe 20 à 25 % de notre sommeil.

Comment expliquer les apnées ?

Les apnées obstructives sont dues à la fermeture du pharynx au moment de l'inspiration. Si l'obstruction du pharynx est complète, il en résulte une apnée ; si elle est incomplète, il s'ensuit une hypopnée.

Des facteurs anatomiques en cause

Le pharynx est une région anatomique complexe. Ses parois sont constituées de muqueuses et de muscles très souples mais ne possèdent aucune structure rigide, d'où sa grande susceptibilité à se déformer, voire à se fermer. Pendant la journée, nous sommes habituellement à l'abri de tout problème, même en présence d'une malformation anatomique. En effet, des mécanismes compensateurs entrent en jeu. Durant le sommeil, par contre, ces mêmes mécanismes compensateurs cessent de fonctionner et rendent la personne vulnérable à la fermeture du pharynx. Elle peut à ce moment-là être en proie à l'apnée.

Parmi les facteurs anatomiques susceptibles de favoriser l'obstruction du pharynx, il convient de citer des amygdales volumineuses, un « nez bouché » ou l'infiltration des parois du pharynx par de la graisse, notamment en cas d'obésité. L'ensemble de ces facteurs contribue à diminuer le calibre des voies aériennes par lesquelles passe l'air et à accroître leur résistance. Respirer devient alors plus difficile, surtout lorsqu'on est allongé sur le dos.

Définition de l'apnée

L'apnée se définit par un arrêt du flux respiratoire d'au moins 10 secondes. La reprise de la respiration coïncide habituellement avec un éveil très bref, appelé micro-éveil, ou au moins avec un allègement du sommeil.

Définition de l'hypopnée

Il n'existe pas de définition uniforme de l'hypopnée. Il s'agit en fait d'une forme incomplète d'apnée se traduisant par une réduction du flux respiratoire d'au moins 50 %, associée à une désaturation de l'hémoglobine d'au moins 4 %.

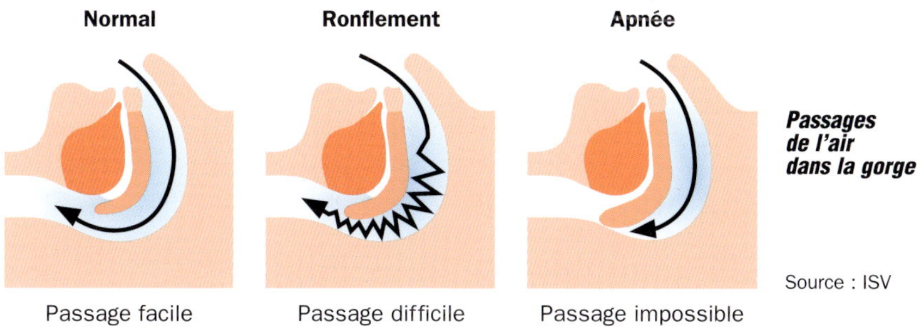

Les muscles dilatateurs du pharynx trop fainéants

Au cours de l'inspiration, les muscles inspiratoires, dont le diaphragme, se contractent, créant une pression négative, qui aspire l'air vers les poumons. Comme cette pression négative est à même de fermer les voies aériennes supérieures, des mécanismes compensateurs sont indispensables afin de permettre le passage de l'air. Quels sont ces mécanismes ? La non fermeture du pharynx est assurée par l'action de ses muscles dilatateurs. Ainsi, lorsqu'ils se contractent, ces muscles maintiennent les voies aériennes ouvertes. Sachez que ces muscles dilatateurs du pharynx influencent également la position de la langue, de l'os hyoïde et du palais.

Plus le sommeil est profond, plus le tonus des muscles dilatateurs du pharynx est diminué. La consommation d'alcool, la prise de tranquillisants ou de somnifères ne font qu'aggraver le manque de tonicité de ces muscles.

Retombées de l'apnée

Les apnées, lorsqu'elles sont sévères, conduisent à une hypoxie, c'est à dire une diminution du taux d'oxygène dans le sang. Cette hypoxie s'accompagne d'une hypercapnie, autrement dit d'une accumulation de gaz carbonique dans le sang. Ces perturbations des gaz du sang peuvent, avec le temps, nuire à notre organisme.

Symptômes durant la nuit

Le SAS est caractérisé par trois éléments clé : ronflements très bruyants, épisodes d'apnée durant la nuit et somnolence excessive durant la journée.

Un ronflement qui ne passe pas inaperçu

Chez les personnes atteintes de SAS, le sommeil nocturne est troublé par des ronflements très bruyants, pouvant atteindre 100 décibels, entrecoupés de pauses respiratoires. Ces épisodes d'apnée entraînent des éveils nocturnes fréquents, en particulier au cours du sommeil paradoxal. Souvenez-vous que ce stade du sommeil joue un rôle déterminant dans la fonction réparatrice du sommeil. À la fin de la période d'apnée, la respiration reprend de façon bruyante, souvent accompagnée de ronflements.

Pauses respiratoires inquiétantes

Que se passe-t-il durant la période d'apnée ? Au cours de la brève période d'apnée, durant au minimum 10 secondes, de nombreux organes envoient des signaux d'alerte au cerveau. Le diaphragme, par exemple, ne peut maintenir sa force de contraction en l'absence d'un apport suffisant en oxygène. Lorsque la somme des messages envoyés au cerveau atteint un seuil critique, le sujet se réveille. À cet instant, le tonus musculaire s'accroît et les voies aériennes supérieures s'ouvrent à nouveau. Souvent, le sujet ne garde aucun souvenir de ces éveils multiples. Pourtant, son sommeil, qui

Sommeil paradoxal

Pendant cette phase du sommeil, l'activité électrique du cerveau est similaire à celle de l'état de veille, alors que le dormeur est plongé dans un sommeil très profond... d'où le terme « sommeil paradoxal ». Les anglo-saxons nomment cette phase « REM sleep », pour « Rapid Eye Movement sleep ».

devrait être réparateur, s'en trouve perturbé et son architecture profondément altérée. Les micro-éveils répétés empêchent la progression vers le sommeil paradoxal : le sommeil reste léger, superficiel et non réparateur. Par ailleurs, le taux d'oxygène dans le sang diminue, menaçant le fonctionnement de nombreux organes et tissus.

Besoins fréquents d'aller aux toilettes

Au-delà du ronflement et des épisodes d'apnée, d'autres symptômes peuvent être présents, notamment la nycturie. Ce terme scientifique désigne l'élimination nocturne d'urine. Elle contraint la personne à se lever plusieurs fois durant la nuit pour aller aux toilettes.

Habituellement, la quantité d'urine produite la nuit chute par rapport à celle produite le jour. En revanche, chez les sujets atteints de SAS, la situation s'inverse : la quantité d'urine fabriquée s'accroît au cours de la nuit, ce qui nécessite des levers fréquents pour uriner.

Ce symptôme serait dû à la sécrétion d'une hormone particulière appelée Facteur Auriculaire Natriurétique. Les chercheurs pensent que la sécrétion de ce facteur serait provoquée par des variations significatives de la pression dans le thorax pendant les épisodes d'apnée.

Autres symptômes nocturnes

Pendant la nuit, d'autres symptômes peuvent s'observer, notamment une certaine agitation : la personne bouge beaucoup, de tout son corps ou uniquement des jambes, transpire et fait des cauchemars.

Certaines personnes se plaignent de troubles digestifs de type gastrite ou ulcère. Il n'est pas rare qu'un reflux gastro-œsophagien soit diagnostiqué. Ce reflux correspond à une remontée du contenu acide de l'estomac vers l'œsophage ou même la gorge. Il s'expliquerait par une aspiration du suc gastrique vers l'œsophage, résultant de la pression négative régnant dans le pharynx au moment de l'apnée.

Fatigue et somnolence durant le jour

La fatigue et la somnolence diurnes sont des complications incontournables du Syndrome d'Apnées du Sommeil. D'autres symptômes peuvent s'y ajouter, tels que maux de tête et troubles de l'humeur.

Grande fatigue et envie irrésistible de dormir

Ceux qui souffrent du Syndrome d'Apnées du Sommeil le savent : les nuits difficiles passées à lutter contre le manque d'oxygène se répercutent sur le quotidien. La grande fatigue ressentie pendant le jour est due à la mauvaise qualité du sommeil, entrecoupé de micro-éveils répétés. Le sujet atteint d'apnées du sommeil ne passe que peu de temps en sommeil profond, c'est-à-dire en stades 3 et 4. Dès qu'il les atteint, un épisode d'apnée le réveille. Or, les stades 3 et 4 sont considérés comme réparateurs, ils permettent au dormeur de faire table rase des soucis de la veille et de se remettre des efforts de sa journée.
Exténué, le sujet s'endort malgré lui pendant la journée lorsque les stimulations externes sont insuffisantes, par exemple au cours d'une conférence peu palpitante ou le soir devant la télévision.
Cette somnolence diurne peut s'avérer très dangereuse, notamment lors de la conduite d'une voiture. Ainsi, des études statistiques ont révélé que le risque d'accident de la route est largement augmenté chez les sujets souffrant de SAS. Explication : les personnes apnéiques s'endorment souvent au volant.

Absence de plaintes

De nombreux sujets atteints de SAS ne se plaignent pas de somnolence diurne pour la simple raison qu'ils n'ont aucun intérêt à s'en plaindre : ils pourraient perdre leur travail. Quelques exemples concrets : les pilotes d'avion, les utilisateurs de machines dangereuses ou les conducteurs de transports en commun.

Maux de tête au lever

Non spécifiques au SAS, des maux de tête au réveil sont observés chez environ 20 % des sujets souffrant du syndrome. Ainsi, au réveil, certains ont l'impression de porter un casque. Cette sensation peut persister quelques heures ou réapparaître après une sieste. Selon des études cliniques, une nette amélioration de ce problème s'observe dès l'instauration d'un traitement par ventilation en pression positive. Notez que ces maux de tête peuvent également se manifester la nuit.

Troubles de l'humeur ou du comportement

Les troubles du sommeil des sujets atteints de SAS peuvent, à long terme, provoquer des troubles de l'humeur, notamment l'humeur dépressive. Des troubles du comportement de type boulimie ou hyperphagie peuvent aussi faire leur apparition. Certains sujets atteints de SAS abusent de médicaments, comme les hypnotiques ou anxiolytiques, ce qui ne fait qu'aggraver leur ronflement et les épisodes d'apnée nocturne. D'autres prennent des drogues, comme le LSD ou la cocaïne. Fort heureusement, ces comportements néfastes ne touchent qu'une minorité de sujets atteints de SAS.

Problèmes sexuels révélateurs

Des troubles sexuels ne sont pas rares. D'après les experts, ces problèmes s'expliquent par une diminution de la production de testostérone en cas de SAS. D'autres facteurs peuvent y contribuer, notamment la surcharge pondérale, l'hypertension artérielle, le diabète ou l'excès de cholestérol, autant de facteurs de risque qui prédisposent à l'athérosclérose. Or, l'athérosclérose des artères de la verge peut être à l'origine d'une impuissance. Sachez que le lien entre SAS et impuissance est très complexe et que de multiples facteurs semblent entrer en jeu.

Syndrome de Haute Résistance

« Syndrome de Résistance des Voies Aériennes Supérieures » ou « Syndrome de Haute Résistance » tout court : derrière ces termes compliqués se cache une affection à mi-chemin entre ronflement simple et Syndrome d'Apnées du Sommeil.

Si semblables...

Le Syndrome de Haute Résistance a été décrit pour la première fois en 1993 par une équipe de chercheurs français, dirigée par le Dr. Guilleminault. Ils avaient observé que certains de leurs patients souffraient de somnolence diurne excessive alors qu'ils ne présentaient ni apnées ni hypopnées lors des enregistrements polysomnographiques. Les chercheurs ont montré, preuves à l'appui, que le sommeil de ces patients était fragmenté par des micro-éveils conséquents à des efforts respiratoires accrus. La mesure de la pression dans l'œsophage a permis aux chercheurs de quantifier ces efforts.
Ainsi, le Syndrome de Haute Résistance partage de nombreuses similitudes avec le syndrome d'apnées : micro-éveils fréquents durant la nuit, somnolence diurne et diminution des performances durant la journée. D'autres symptômes rencontrés dans l'apnée du sommeil peuvent également être présents dans le Syndrome de Haute Résistance, tels que maux de tête et cauchemars.

... et pourtant si différents

Le Syndrome de Haute Résistance se distingue toutefois du SAS par certaines caractéristiques qui lui sont propres. Les personnes atteintes du Syndrome de Haute Résistance ne sont pas victimes de pauses respiratoires durant leur sommeil. En revanche, à l'inverse des personnes apnéiques, elles se plaignent souvent d'insomnies. Par ailleurs, ce syndrome n'a pas les mêmes cibles que le SAS : les personnes touchées sont plutôt jeunes, sans surpoids, et sont autant des hommes que des femmes. Le SAS, lui, touche principalement des hommes plus âgés et en surpoids. Enfin, il faut savoir que Syndrome de Haute Résistance n'est pas toujours synonyme de ronflement.

Comment en faire le diagnostic ?

D'après la définition du Dr. Guilleminault, les symptômes typiques du Syndrome de Haute Résistance sont des plaintes de fatigue et de somnolence diurnes alors que l'index d'apnées ou d'hypopnées par heure de sommeil est inférieur à 5, ce qui est insuffisant pour parler de SAS. Le diagnostic du Syndrome de Haute Résistance est basé sur les résultats de l'enregistrement polysomnographique. Toutefois, lors de cet examen, il faut mesurer un paramètre supplémentaire par rapport au SAS : la pression œsophagienne, indicateur indirect des efforts respiratoires du patient.
À cette fin, le médecin utilise un tube extrêmement fin qu'il fait passer par le nez et pousse jusqu'à l'œsophage. En plus des symptômes de fatigue et de somnolence diurnes, le syndrome de haute résistance se définit par des diminutions de la pression œsophagienne, que mesure ce dispositif.

Qu'en est-il du traitement ?

À l'instar du syndrome d'apnées, le Syndrome de Haute Résistance semble lui aussi s'améliorer suite à un traitement par pression positive continue. Il ne s'agit toutefois pas d'un traitement curatif : la VPPC doit être poursuivie chaque nuit, *ad vitam aeternam.*

Ventilation par Pression Positive Continue (VPPC)

Décrite pour la première fois en 1981 par un médecin australien, le Dr Colin Sullivan, la Ventilation par Pression Positive Continue est aujourd'hui le traitement de référence du syndrome d'apnées. Sous l'effet du traitement, les apnées nocturnes disparaissent, le taux d'oxygène dans le sang se normalise et le sommeil retrouve sa structure normale. Cette technique a également fait ses preuves dans le Syndrome de Haute Résistance. Grâce à la VPPC, fatigue et somnolence diurne disparaissent chez bon nombre de sujets.

Qui souffre d'apnées du sommeil ?

Le Syndrome d'Apnées du Sommeil est fréquent, touchant notamment 10 % des ronfleurs. Parmi les facteurs de risque, certains semblent aujourd'hui bien établis.

Sexe et âge

La parité entre les sexes n'existe pas dans le syndrome d'apnées, comme l'ont démontré la plupart des études : les hommes en sont plus souvent victimes que les femmes. D'après des statistiques récentes, 4 % des hommes et 2 % des femmes souffrent de ce syndrome, soit 500 000 à 1 850 000 victimes en France métropolitaine. Sachez que les enfants ne sont pas épargnés.
Qu'en est-il de l'âge ? Toutes les études épidémiologiques s'accordent à dire que l'âge est un facteur décisif dans la survenue de l'apnée : la prévalence de l'apnée augmente avec l'âge, particulièrement après 60 ans.

Facteur ethnique et ressemblance familiale

L'apnée touche les ethnies de façon discriminatoire. Ainsi, une grande étude américaine a mis en évidence des différences significatives entre les Américains d'origine caucasienne et ceux d'origine africaine. Chez ces derniers, le risque d'apnées et de troubles respiratoires nocturnes s'avère deux fois plus élevé que chez leurs compatriotes d'origine caucasienne. D'après les experts, ces inégalités ethniques face aux apnées pourraient s'expliquer par des différences anatomiques au niveau des voies respiratoires supérieures. Par ailleurs, chez les Américains de couleur noire, le syndrome d'ap-

Obésité androïde contre obésité gynoïde

Le terme obésité fait référence à une accumulation excessive de graisses dans l'organisme. Dans l'obésité androïde, le dépôt de graisses est localisé sur la partie supérieure du corps, surtout au niveau de l'abdomen. Dans l'obésité gynoïde, le dépôt de graisses touche principalement les cuisses, il s'agit de la fameuse « culotte de cheval ». Sachez que l'obésité androïde est particulièrement néfaste pour la santé.

nées survient environ 8 ans plus tôt que chez leurs concitoyens de couleur blanche.
L'hérédité a aussi son mot à dire : si votre père ou votre mère souffre d'un Syndrome d'Apnées du Sommeil, vous courez un plus grand risque de faire des apnées que les enfants de parents « normaux ».

Surpoids et alcool

La surreprésentation des obèses parmi les patients atteints de SAS est bien établie. Le rôle de l'obésité, plus particulièrement l'obésité androïde, n'est plus à démontrer : un régime amaigrissant associé à une perte de poids suffit à faire chuter le nombre et la durée des apnées chez bon nombre de patients apnéiques.
Tout le monde le sait, surtout les femmes qui en subissent souvent les conséquences : l'alcool avant le coucher favorise le ronflement, et, plus préoccupant, le syndrome d'apnées. Cette relation de cause à effet entre alcool et apnées a été confirmée dans diverses enquêtes. En plus de son action directe sur le système nerveux central, l'alcool exerce également un effet relaxant sur les muscles du pharynx.

Tabagisme

Méfiez-vous de la cigarette ! Elle favorise non seulement le ronflement mais aussi la survenue d'apnées durant la nuit. Les résultats d'études sont sans appel : le risque d'apnée du sommeil est environ trois fois plus élevé chez les adeptes du tabac que chez les autres.

Effets de l'alcool sur le système nerveux central

Contrairement à la croyance populaire, l'alcool a un effet déprimant sur notre cerveau. L'effet euphorisant perçu résulte de la dépression des mécanismes inhibiteurs habituels, sources d'angoisses et d'inquiétudes. Lorsque le taux d'alcool augmente davantage dans le sang, d'autres fonctions du cerveau sont déprimées, ce qui peut induire un état de stupeur, voire un coma.

Autres facteurs favorisant l'apnée

Certains facteurs, comme la prise de tranquillisants ou de somnifères, ont une influence avérée sur la survenue d'apnées. Passons-les en revue.

Obstruction nasale et autres symptômes respiratoires

Pas facile de dormir avec le nez bouché ! Comme démontré par des études cliniques, nombreuses sont les personnes souffrant d'apnées nocturnes qui présentent également des anomalies dans la sphère ORL, c'est-à-dire au niveau des oreilles, du nez et de la gorge. Plus concrètement, une relation entre l'obstruction nasale, à savoir le nez bouché, et la survenue d'épisodes d'apnée au cours de la nuit a été mise en évidence. Ainsi, chez de jeunes adultes souffrant du rhume des foins, le nombre et la durée des épisodes d'apnée s'accroissent en période de pollens.

Hypothyroïdie, diabète et acromégalie

Si vous souffrez d'affections métaboliques, vous avez plus de risques de développer des apnées durant votre sommeil que les personnes en bonne santé. Ce cas de figure s'observe notamment chez les personnes souffrant d'hypothyroïdie, soit une production insuffisante d'hormones par la thyroïde. Si vous êtes diabétique, surtout s'il s'agit d'un diabète de type II, votre risque d'être victime d'apnées nocturnes semble également accru. Il en va de même pour les sujets atteints d'acromégalie, affection due à une sécrétion excessive d'hormones de croissance.

Somnifères et tranquillisants

À l'instar de l'alcool, certains médicaments ont un effet aggravant sur les apnées nocturnes, notamment les benzodiazépines. Ces dernières sont souvent utilisées pour calmer l'anxiété ou les troubles du sommeil. Les myorelaxants, que les médecins prescrivent pour soulager le mal de dos, ont un effet similaire. Les bêtabloquants, surtout prescrits pour traiter l'hypertension artérielle ou l'insuffisance cardiaque, aggravent eux aussi les apnées nocturnes.

Acromégalie

Apparaissant le plus souvent entre 30 et 40 ans, l'acromégalie se manifeste par des troubles morphologiques, avec gigantisme des pieds, des mains ou de la tête. Elle est due à une sécrétion excessive d'hormones de croissance, le plus souvent en relation avec une tumeur bénigne de l'hypophyse. Les patients atteints de la maladie se plaignent souvent de maux de tête avec troubles de la vue, et présentent parfois un diabète. Le diagnostic repose sur le dosage de l'hormone de croissance dans le sang ainsi que sur des examens radiologiques pour localiser la tumeur dans le cerveau. Le plus souvent, la tumeur est traitée par chirurgie et radiothérapie.

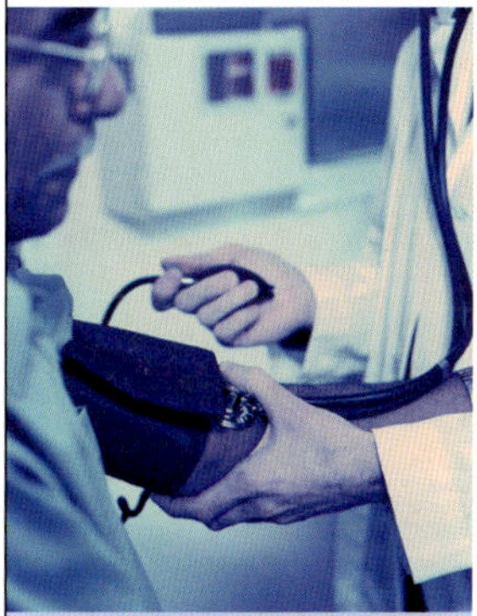

Insuffisance cardiaque

Ce terme fait référence à l'incapacité du muscle cardiaque à adapter son débit (quantité de sang éjecté du cœur par unité de temps) aux besoins de l'organisme. Cette insuffisance de la pompe cardiaque peut compliquer de nombreuses maladies, entraînant un affaiblissement du muscle cardiaque : hypertension artérielle, maladies des artères coronaires, anomalies des valves cardiaques, affections pulmonaires, etc.

Comment dépister l'apnée du sommeil ?

Bien qu'une consultation ne soit pas suffisante pour confirmer une apnée du sommeil, la première visite chez le médecin lui permet de se forger une idée sur les problèmes qui vous poussent à consulter.

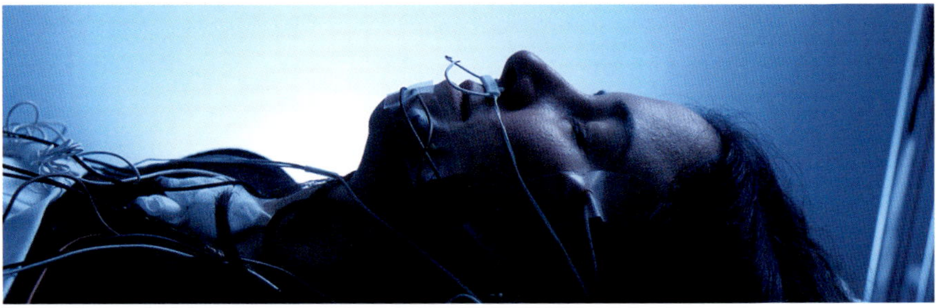

Ce que le médecin souhaite savoir

Souvent, la consultation est motivée par le partenaire, inquiet d'être témoin de pauses respiratoires au cours de la nuit. Certains fins observateurs font le lien entre ces pauses respiratoires et l'épuisement durant la journée. Le médecin dispose alors de pistes qui lui font envisager des apnées du sommeil.
Dans son interrogatoire, le médecin recherche d'autres symptômes révélateurs d'apnées : il risque fort de vous demander si vous ronflez. Votre conjoint a-t-il noté des pauses respiratoires inquiétantes ? Le médecin vous questionne sur votre état d'éveil ou de somnolence durant la journée. D'autres signes évocateurs sont : troubles de la concentration, maux de tête, irritabilité, etc. L'apnée du sommeil a de multiples visages. Grâce à vos réponses, le médecin se fait une première opinion et décide de la suite des opérations.

Comment le médecin teste votre somnolence

Pour déterminer votre degré de somnolence, le médecin dispose de différents tests, certains subjectifs, d'autres objectifs. Plus simples, les tests subjectifs font appel à votre propre perception. Parmi les échelles d'auto-évaluation existantes figurent notamment l'échelle subjective de Stanford et l'échelle de somnolence d'Epworth. La première évalue la somnolence à un moment donné. Ainsi, le médecin vous demande d'estimer votre degré de somnolence à différentes heures en attribuant une note de 0 à 8 : 0 indique que vous êtes très bien éveillé, alors qu'à l'autre extrémité, 8 indique que vous êtes endormi. Quant à l'échelle d'Epworth, elle fait intervenir des situations précises de la vie quotidienne. Pour chacune d'elles, vous notez de 0 à 3 votre risque de vous endormir. Plus la somme est élevée, plus votre somnolence est préoccupante.

Le sommeil passé au peigne fin

Seuls les enregistrements du sommeil permettent de confirmer le diagnostic d'apnées du sommeil. Deux techniques sont disponibles : la polygraphie ventilatoire et la polysomnographie. Toutes deux reposent sur le même principe : des capteurs sont apposés sur différentes parties de votre corps. Ils sont reliés à un boitier qui permet de stocker et d'analyser ultérieurement les informations obtenues. Plusieurs appareils de polygraphie ventilatoire sont disponibles. La polygraphie ventilatoire la plus simple enregistre le flux d'air passant par le nez ou la bouche, le taux d'oxygène dans le sang ainsi que les mouvements du thorax et de l'abdomen lors de la respiration. Des appareils plus sophistiqués renseignent également sur la fréquence cardiaque ou votre position au cours de l'apnée. Elle peut être réalisée à domicile ou à l'hôpital. Plus complexe à réaliser, la polysomnographie fournit en plus des renseignements sur les stades du sommeil. Pour cet examen, l'hospitalisation est privilégiée : l'examen se déroule sous la surveillance d'un technicien chevronné, afin d'éviter toute mesure imparfaite.

Tests objectifs de somnolence

Pour évaluer objectivement votre somnolence, deux tests sont disponibles : le Test Itératif de Latence d'Endormissement et le Test de Maintien de l'Éveil. Pour ces deux examens, des électrodes sont placées sur votre tête et votre visage pour enregistrer l'apparition d'une somnolence. Dans le Test Itératif de Latence d'Endormissement, vous êtes placé dans des conditions propices au sommeil à cinq reprises dans la journée. Si vous vous endormez en moins de 5 minutes, vous êtes considéré comme hypersomnolent. Comme son nom l'indique, le Test de Maintien de l'Éveil repose sur le principe inverse : lutter contre le sommeil le plus longtemps possible. D'après ce test, vous souffrez d'hypersomnolence si vous vous endormez en moins de 11 minutes.

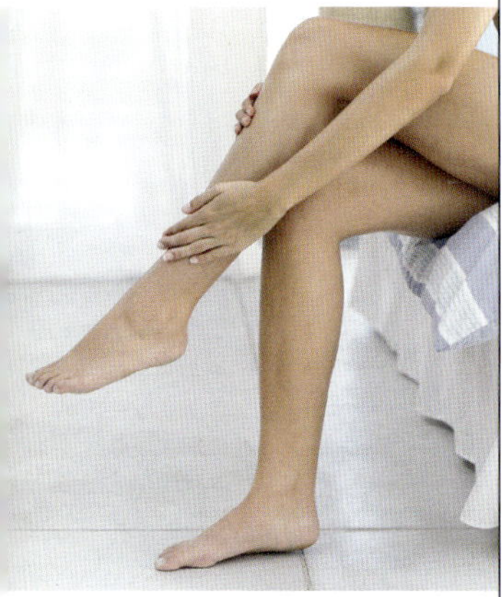

Attention : ne pas confondre !

Nombreuses sont les personnes souffrant de fatigue chronique ou de somnolence diurne. Il convient d'en rechercher la cause, pas toujours synonyme d'apnées du sommeil.

Le Syndrome des Jambes Sans Repos

Aussi nommé Syndrome d'Impatience des Membres Inférieurs, ce syndrome se caractérise par un besoin irrépressible de bouger les jambes. Des sensations désagréables telles que démangeaisons, picotements ou brûlures y sont souvent associées. Le sujet est alors contraint d'agiter ses jambes pour soulager les symptômes, voire de se lever et de déambuler. Parfois, cette envie de bouger s'accompagne de mouvements involontaires nocturnes, ce qui peut perturber le sommeil du conjoint.

Il s'agit d'une maladie neurologique chronique dont le mécanisme n'est pas complètement connu. Les troubles s'aggravent lorsque la personne atteinte est au repos, assise ou couchée. Ainsi, les patients sont réveillés fréquemment et, dans les formes sévères, ne s'endorment qu'à l'aube. Faute d'un sommeil réparateur, les sujets deviennent irritables, ne parviennent plus à se concentrer ou souffrent de dépression. Leur qualité de vie s'en trouve très perturbée et les répercussions sur la vie familiale et sociale sont indéniables.

La narcolepsie

Décrite par le Dr. Westphal vers la fin du 19ème siècle, la narcolepsie est un trouble de la régulation des états de veille et de sommeil. Elle se caractérise par une somnolence anormale pendant la journée accompagnée d'accès irrépressibles de sommeil. Si la cause de la maladie reste inconnue, une prédisposition génétique est souvent observée.
Le symptôme clé de la maladie est la cataplexie. Ce terme désigne l'association d'accès irrépressibles de sommeil à une faiblesse musculaire généralisée, tous deux favorisés par le stress ou de vives émotions. Les accès de somnolence peuvent néanmoins aussi survenir sans raison apparente. Près d'un tiers des patients sont victimes d'hallucinations au moment de s'endormir.
Le diagnostic est basé sur l'enregistrement de l'activité cérébrale par électroencéphalogramme durant le sommeil, de la fonction du cœur par électrocardiogramme et de celle des muscles par électromyogramme.
La narcolepsie, tout comme le SAS, peut avoir un retentissement social et professionnel, avec risque d'accidents de la circulation.

Diagnostic du Syndrome des Jambes Sans Repos

Aucun test de laboratoire ne permet de confirmer le diagnostic du Syndrome des Jambes Sans Repos. Après avoir exclu d'autres affections, le médecin pose le diagnostic d'après la description des sensations ressenties par le patient. Ce diagnostic repose sur la mise en évidence des quatre symptômes obligatoires :

- impatience ou envie irrésistible de bouger les jambes ;

- survenue ou aggravation au repos ou en période d'inactivité ;

- amélioration, au moins passagère, de l'inconfort lors de la marche ou après étirement des pieds ou des jambes ;

- survenue quasi-exclusive le soir ou la nuit.

Autres causes de somnolence excessive

Mis à part le Syndrome des Jambes Sans Repos et la narcolepsie, une somnolence diurne excessive peut, dans de rares cas, être due au syndrome de Kleine-Levin ou encore à certaines affections métaboliques ou neurologiques.

Syndrome de Kleine-Levin, une rareté

Rare, ce syndrome se caractérise par une forte somnolence épisodique associée à des troubles du comportement, à des troubles sexuels et à des troubles du comportement alimentaire. L'apparition des symptômes fait souvent suite à une infection des voies respiratoires ou à une anesthésie générale. Les sujets dorment pendant des jours, voire des semaines. À leur réveil, ils ne sont plus eux-mêmes et leur personnalité s'en trouve altérée.
Contrairement au SAS, les épisodes d'hypersomnie apparaissent brutalement, subsistent quelques semaines puis disparaissent pour réapparaitre après quelques mois ou quelques années. Le seul symptôme commun aux deux affections est l'envie irrésistible de dormir durant la journée. Permanent dans l'apnée du sommeil, ce désir de dormir n'est qu'intermittent dans le Syndrome de Kleine-Levin.

Traitement du Syndrome de Kleine-Levin

Le traitement médicamenteux du Syndrome de Kleine-Levin est décevant. La plupart des médicaments se sont avérés inefficaces. Des effets bénéfiques sont parfois observés avec certains médicaments, tels que l'Amantadine administrée en début de crise, la Rispéridone, le lithium ou le valproate de sodium.

De nombreuses maladies sources de somnolence

Les patients atteints de cirrhose du foie, d'insuffisance rénale ou d'affections broncho-pulmonaires chroniques sont souvent victimes de somnolence diurne, traduisant une détérioration de leur état général. Des maladies endocriniennes telles que l'hypothyroïdie, la maladie d'Addison ou l'insuffisance de la glande hypophyse peuvent également s'accompagner de somnolence diurne. Lorsqu'il y a hésitation entre l'une de ces affections et le SAS, le médecin prescrit les examens nécessaires pour poser le diagnostic.

Les affections du cerveau aussi

Suite à l'occlusion d'une artère cérébrale, certains infarctus cérébraux se manifestent par une somnolence chronique. Les symptômes sont très variables. Ainsi, certains patients ne présentent aucun signe neurologique à part la somnolence, tandis que d'autres sont victimes d'une paralysie plus ou moins complète en plus d'une somnolence chronique. Les traumatismes crâniens peuvent eux aussi s'accompagner d'une somnolence excessive suite à des lésions au niveau du tronc cérébral. Dans ce cas de figure, la somnolence diurne est le plus souvent associée à un cortège d'autres symptômes : maux de tête, vertiges, étourdissements ou troubles de la mémoire et de l'attention.

Hypothyroïdie

Caractérisée par une production insuffisante d'hormones par la glande thyroïde, l'hypothyroïdie se manifeste par une bouffissure du visage, des mains et des pieds. Elle s'accompagne d'une prise de poids, d'une raréfaction des cheveux et d'un ralentissement général avec affaiblissement physique, intellectuel et sexuel. L'apparition des symptômes est souvent progressive. Le diagnostic de la maladie repose sur le dosage des hormones thyroïdiennes dans le sang. Le traitement est basé sur l'administration d'hormones thyroïdiennes synthétiques en gouttes ou en comprimés.

Maladie d'Addison

Cette maladie correspond à un déficit de la sécrétion des hormones normalement produites par les glandes surrénales, notamment du cortisol. Dans la forme classique, on retrouve une pigmentation de la peau prédominant sur les zones découvertes. Le patient se plaint d'une grande fatigue et présente une hypotension, aggravée par le passage de la position couchée à la position debout. Le diagnostic repose sur un bilan hormonal complet. Le traitement implique une substitution hormonale à vie.

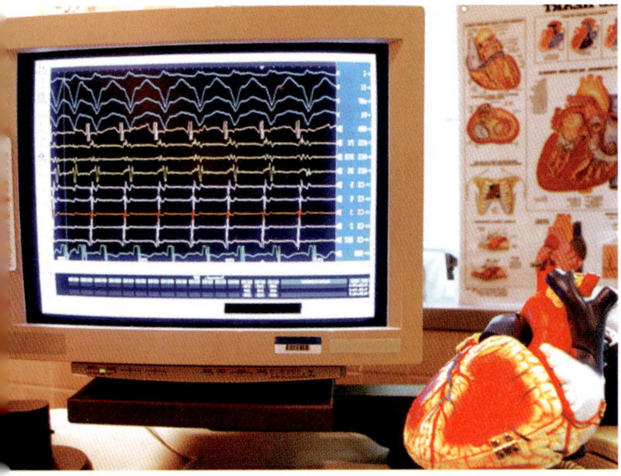

Répercussions du syndrome d'apnées

Alors que le ronflement simple n'a aucun impact sur la santé, mis à part son préjudice social ou psychologique, le syndrome d'apnées a des conséquences sévères sur le cœur et les vaisseaux.

La nuit, élévation de la pression artérielle

S'il n'est pas correctement pris en charge, le Syndrome d'Apnées du Sommeil (SAS) a tendance à s'aggraver avec le temps. À un stade sévère, il risque d'entraîner des troubles cardiovasculaires, qui surviennent d'abord la nuit mais peuvent devenir permanents. Toutefois, la relation de cause à effet n'est pas toujours évidente car les personnes apnéiques présentent souvent d'autres facteurs de risque cardiovasculaire : diabète, obésité ou maladie cardiovasculaire préexistante.

Chez les personnes en bonne santé, le passage de l'état de veille au sommeil se traduit par une diminution de la pression artérielle, ce qui n'est pas le cas chez le sujet apnéique. Chez ce dernier, des oscillations caractéristiques de la pression artérielle sont observées : la pression artérielle baisse au début de l'apnée, puis augmente de façon progressive pour atteindre son maximum lors de la reprise de la respiration. Ces oscillations répétées de la pression artérielle résultent en une augmentation globale de la pression artérielle durant la nuit.

Grâce à de grandes études épidémiologiques, il a été démontré que le SAS est un facteur de risque d'hypertension artérielle permanente.

Risque d'hypertension artérielle pulmonaire

Il a été prouvé que les apnées nocturnes provoquaient des élévations de la pression dans l'artère pulmonaire, en réponse à la chute d'oxygène dans le sang, chez environ 15 à 20 % des patients. Souvent d'intensité modérée, cette hypertension pulmonaire est particulièrement fréquente chez les sujets apnéiques qui sont obèses ou qui souffrent de broncho-pneumopathie chronique obstructive, également connue sous le terme BPCO.
En cas d'hypertension pulmonaire prolongée, le cœur doit accroître son travail. Avec le temps, il risque de se fatiguer et des signes d'insuffisance cardiaque apparaissent : gonflement des jambes, gêne respiratoire, augmentation du volume du foie, etc.

Modifications de la fréquence cardiaque

Des enregistrements Holter-ECG durant la nuit ont mis en évidence des modifications de la fréquence cardiaque chez les sujets apnéiques. En effet, la courbe de la fréquence cardiaque du sujet apnéique a un aspect très caractéristique, avec une alternance de rythme lent (bradycardie) et de rythme rapide (tachycardie). La bradycardie survient au cours de l'apnée tandis que la tachycardie coïncide avec la reprise de la respiration.
En cas d'apnée, l'influx électrique permettant au ventricule de se contracter est parfois interrompu, comme l'ont illustré les enregistrements Holter. Ces troubles de la conduction s'observent avant tout en cas d'apnée sévère et ne semblent pas être présents durant le jour. Leur retentissement à long terme n'est pas encore bien connu.

Complications de l'hypertension artérielle

L'hypertension artérielle est rarement dangereuse dans l'immédiat. Toutefois, après quelques années d'évolution, elle altère peu à peu l'état des vaisseaux sanguins ainsi que le fonctionnement du cœur, des reins et du cerveau. Pour cette raison, toute hypertension artérielle confirmée nécessite un traitement approprié.

Autres répercussions du syndrome d'apnées

Lorsqu'il est sévère, le syndrome d'apnées semble favoriser le développement de la maladie coronarienne, voire la survenue d'accidents vasculaires cérébraux.

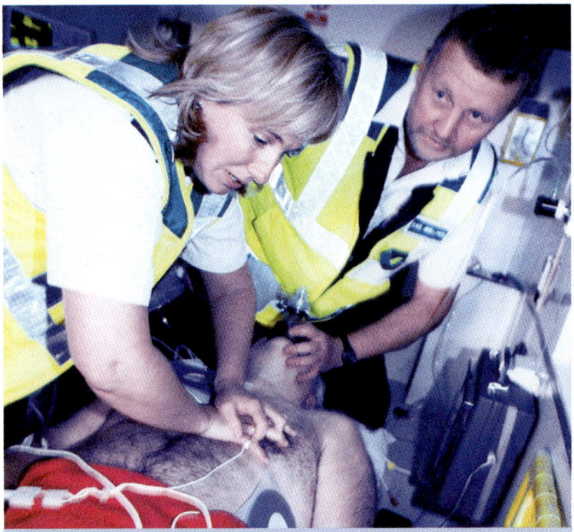

Infarctus du myocarde

Affection relativement fréquente, l'infarctus du myocarde se caractérise par la mort des cellules d'une partie du muscle cardiaque. Cette mort cellulaire est due à l'occlusion d'une des artères coronaires par un caillot de sang, entraînant un arrêt de l'apport en oxygène, vital pour le muscle cardiaque. Le signe typique d'un infarctus du myocarde est une douleur au milieu de la poitrine, qui serre et peut s'étendre vers la mâchoire ou le bras gauche. Cette douleur peut parfois revêtir des formes trompeuses : elle peut être ressentie dans le dos ou s'accompagner de vomissements, pâleurs ou sueurs froides.

Quels sont les mécanismes en cause ?

Les conséquences du syndrome d'apnées sont liées aux micro-éveils. Fréquents, ces micro-éveils sont responsables d'une fragmentation du sommeil. En l'absence d'un traitement approprié, cette déstructuration du sommeil entraîne un véritable stress cardiovasculaire. Ce stress provoque la libération d'adrénaline et d'autres hormones, ainsi qu'une altération des facteurs de la coagulation.

L'ensemble de ces phénomènes nuit à l'organisme. À moyen et long terme, ce stress chronique favoriserait la survenue d'affections cardiovasculaires. La chute du taux d'oxygène dans le sang lors des épisodes d'apnées semble être à la base de l'ensemble des perturbations cardiovasculaires.

Répercussions sur le cœur

Si un cœur est prédisposé, l'hypoxie, c'est-à-dire la diminution du taux d'oxygène dans le sang, risque de provoquer des troubles du rythme cardiaque comme extrasystoles, tachyarythmies, voire fibrillations ventriculaires. Une grande étude finlandaise portant sur des jumeaux a constaté que le risque d'infarctus du myocarde était presque deux fois plus élevé chez les patients souffrant d'apnées du sommeil que chez les sujets sains. D'autres études ont montré que l'angine de poitrine était elle aussi plus fréquente chez les patients apnéiques. Enfin, une étude suédoise réalisée par l'équipe du Professeur Jan Hedner a révélé qu'une grande proportion de patients cardiaques hospitalisés dans des unités de soins intensifs souffrait d'apnées du sommeil. L'apnée du sommeil semble donc bel et bien être un facteur de risque de maladie cardiovasculaire.

Accidents vasculaires cérébraux

En cas de maladies préexistantes, comme la bronchite chronique ou la broncho-pneumopathie chronique obstructive, l'hypoxie due aux apnées s'avère particulièrement dangereuse. Elle peut être génératrice d'événements graves et irréversibles, tels que les accidents vasculaires cérébraux (AVC). Deux études réalisées en 2001 et 2003 ont ainsi montré que l'apnée du sommeil a une influence significative tant sur la survenue que sur le pronostic des AVC.

Broncho-Pneumopathie Chronique Obstructive ou BPCO

Très fréquente, la BPCO se définit par l'apparition d'une toux avec crachats pendant 3 mois consécutifs depuis au moins 2 années. Très fréquente, avec plus de 2,5 millions de Français touchés, elle est principalement due au tabac.

Impact sur la qualité de vie

Très paradoxalement, les ronfleurs ne se rendent souvent pas compte de leur ronflement alors qu'ils se plaignent régulièrement d'un mauvais sommeil et de fatigue durant la journée. Et si l'apnée du sommeil y était pour quelque chose ?

Répercussions sur la vie de couple

Beaucoup de ronfleurs n'ont pas conscience de leur ronflement et de la gêne qu'ils occasionnent à leur entourage, et tout particulièrement à la personne qui partage leur lit. Souvent dédramatisé par le ronfleur lui-même, le ronflement peut être un véritable fardeau pour le couple. En sachant que l'intensité du ronflement peut dépasser 100 décibels, soit l'équivalent du bruit d'une tondeuse à gazon, il n'est pas difficile de comprendre que des tensions puissent surgir dans le couple. Le partenaire d'un ronfleur a souvent du mal à dormir. Après plusieurs nuits de sommeil perturbé, le partenaire préfère souvent faire chambre à part pour récupérer. Par ailleurs, le ronflement peut avoir un effet délétère sur la vie sexuelle du couple. Si ces cas de figure vous concernent, il est essentiel de faire une mise au point pour ne pas laisser s'envenimer la situation.

Répercussions sur la qualité du sommeil

Le ronflement et *a fortiori* les apnées peuvent être à l'origine de réveils partiels durant le sommeil, appelés micro-éveils. Voici l'explication de ce phénomène : à la suite d'une apnée, les tissus en souffrance envoient des signaux d'alerte au cerveau pour l'informer de leur détresse. Lorsque ces signaux atteignent un seuil critique, le ronfleur finit par se réveiller. Grâce à l'augmentation du tonus musculaire, ces micro-éveils permettent l'ouverture des voies respiratoires affaissées : la respiration reprend. Pourtant, les phases de sommeil profond réparateur, soit les phases 3 et 4, sont raccourcies et toute l'architecture du sommeil est perturbée. Chez de nombreuses personnes, les apnées sont à l'origine de cauchemars, parfois perçus comme une persécution supplémentaire. Lorsque le sommeil n'est pas réparateur, les signes révélateurs apparaissent : fatigue intense, maux de tête et parfois vertiges.

Répercussions sur le comportement diurne

La mauvaise qualité du sommeil nocturne a un retentissement important sur la vie de tous les jours. Au cours de la journée, la fatigue physique prend le dessus et est à l'origine d'une somnolence intense. Au début, cette somnolence se manifeste surtout lors des périodes d'inactivité, par exemple au cinéma ou après les repas. Rapidement, elle se généralise et affecte tous les aspects de la vie. Elle est à l'origine d'une diminution de la concentration qui, sur le plan professionnel, peut se traduire par de mauvaises performances, voire des accidents du travail. La conduite automobile devient alors problématique car en plus de somnoler, les ronfleurs sont souvent en proie à un manque de vigilance. La fatigue chronique dont souffrent les apnéiques peut également donner lieu à un laisser-aller personnel : négligence de l'hygiène, indifférence par rapport au style vestimentaire, etc. Du point de vue psychique, les ronfleurs sont souvent irritables, impatients et intolérants.

QUE PEUT-ON FAIRE POUR L'APNÉE DU SOMMEIL ?

Ventilation à Pression Positive Continue

L'apnée du sommeil est une affection à ne pas prendre à la légère. Le traitement de premier choix est la Ventilation à Pression Positive Continue. Cette technique a révolutionné le traitement du SAS.

Principes de la Ventilation à Pression Positive Continue

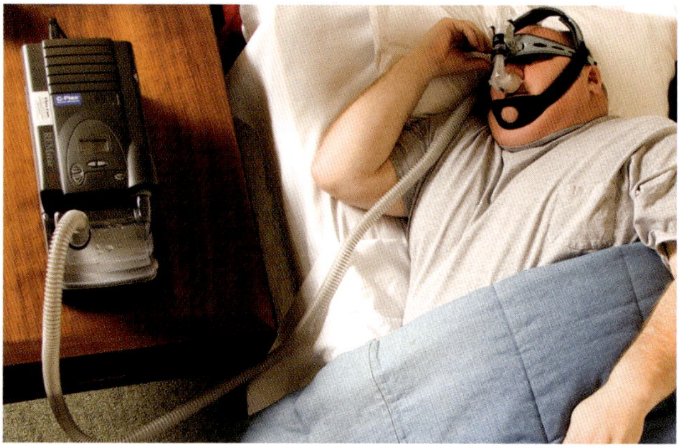

Chez les personnes apnéiques, les tissus situés à l'arrière de la gorge s'affaissent durant le sommeil, bloquant le passage de l'air. La ventilation à pression positive vise à maintenir les voies respiratoires ouvertes. Plus concrètement, un appareil produit de l'air à un débit de l'ordre de plusieurs dizaines de litres par minute. L'air généré est ensuite expulsé sous pression dans votre nez par l'intermédiaire d'un tube et d'un masque étanche que vous portez sur votre nez. Cette pression supérieure à la pression atmosphérique, d'où le terme « pression positive », fait obstacle à la fermeture du pharynx lors de l'inspiration. La pression nécessaire varie d'un patient à l'autre. Pour déterminer le niveau de pression efficace, vous devez au préalable passer une polysomnographie. Lors de cet examen, l'opérateur teste différents niveaux de pression jusqu'à faire disparaître les apnées.

Efficace mais contraignante

La ventilation à pression positive a fait ses preuves. Il s'agit d'un traitement efficace pour restaurer une respiration normale durant le sommeil, supprimer les micro-éveils et donc la somnolence diurne. Ses bénéfices se font rapidement sentir. Seule ombre au tableau : le traitement doit être appliqué toutes les nuits. En effet, la ventilation à pression positive n'est pas un traitement curatif mais un traitement palliatif. En d'autres termes, lorsque le traitement est interrompu, les apnées réapparaissent.
Porter un masque toute la nuit et dormir à côté d'un appareil qui fait du bruit peuvent s'avérer problématiques. Alors que certains patients ont du mal à s'endormir, d'autres montrent des réveils fréquents durant la nuit. Par ailleurs, des effets indésirables peuvent surgir. Une sécheresse nasale est souvent signalée. Il peut alors être judicieux d'investir dans un humidificateur d'air. Autres effets indésirables : irritation nasale ou oculaire, obstruction nasale, etc. Il existe des solutions à ces désagréments, l'essentiel est d'en parler à votre médecin.

À qui s'adresse cette technique ?

La sévérité de l'apnée du sommeil est déterminante. À cet effet, le médecin se base sur votre index d'apnées-hypopnées (IAH). Déterminé par polysomnographie, cet index correspond au nombre d'apnées et d'hypopnées par heure de sommeil. D'autres facteurs entrent également en ligne de compte : retentissement sur la qualité de vie, surpoids, problème des professions imposant une haute vigilance, etc. Sachez toutefois que les critères utilisés par votre médecin ne sont pas forcément identiques à ceux employés par les caisses d'assurance maladie pour le remboursement des soins.

Ventilation par Pression Positive Autopilotée

À côté des appareils délivrant un niveau de pression stable tout au long du sommeil, il existe aussi des appareils de ventilation en pression positive autopilotée. Plus récents, ces derniers adaptent automatiquement le niveau de pression requis à vos besoins. Ils ont été conçus pour limiter les effets secondaires du traitement.

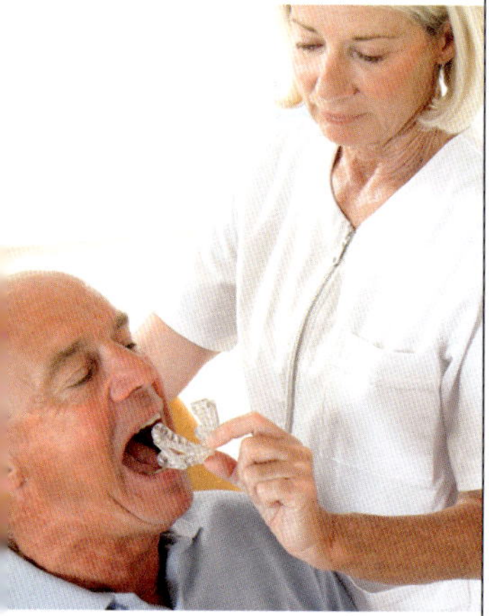

Alternatives thérapeutiques

Plusieurs dispositifs destinés à soulager le ronflement et l'apnée du sommeil sont disponibles sur le marché. Ces dispositifs sont conseillés aux patients qui refusent les traitements plus spécifiques de l'apnée du sommeil.

Bandelettes nasales

Le ronflement peut résulter d'un rétrécissement des voies nasales. Pour améliorer le passage de l'air dans le nez et donc réduire le ronflement, des bandelettes nasales peuvent être utilisées. Disponibles en vente libre, ces petites bandelettes adhésives doivent être positionnées sur le nez avant le coucher. Une fois en place, elles agissent comme un ressort et se resserrent pour soulever les narines et augmenter le flux d'air entrant par le nez. Il faut utiliser une nouvelle bandelette à chaque utilisation. Elles sont surtout utiles en cas de ronflement léger.

Canule souple oropharyngée

La canule souple oropharyngée s'inspire des canules utilisées après anesthésie pour éviter la chute de la langue vers l'arrière. Il s'agit d'un tube creux et souple en silicone, qui doit être placé dans la bouche avant l'endormissement. La canule est dotée d'un filtre extérieur à double fonction : débarrasser l'air des poussières et l'humidifier. Flexible, elle n'empêche pas la déglutition de la salive. Son but : libérer le passage de l'air jusqu'au

Tentatives médicamenteuses

Dans le passé, plusieurs médicaments ont été évalués dans le traitement du ronflement et de l'apnée du sommeil. La protriptyline en est un exemple. Cet antidépresseur tricyclique a été testé avec l'objectif de réduire la gravité des apnées. Toutefois, les études dans l'apnée ont été arrêtées en raison d'effets indésirables notoires, comme sécheresse buccale, troubles du rythme cardiaque ou encore risques de rétention urinaire.

larynx en évitant tout blocage par la base de la langue. Ce dispositif exige un certain délai d'adaptation. Au début, utilisez-le pendant la journée pour vous familiariser à ce corps étranger dans votre bouche. Elle doit être entretenue et désinfectée régulièrement avec des comprimés pour prothèses dentaires. Côté effets indésirables, elle peut être à l'origine de nausées durant la phase d'adaptation et d'une salivation excessive.

Orthèse d'avancée mandibulaire

Ce terme technique désigne un dispositif médical destiné à avancer la mandibule, autrement dit la mâchoire inférieure, et la langue durant le sommeil. Pourquoi ? Pour augmenter l'espace dédié à la respiration qui est situé derrière la langue et le voile du palais. L'orthèse d'avancée mandibulaire se compose de deux gouttières, l'une recouvrant les dents de la mâchoire supérieure, l'autre les dents de la mâchoire inférieure. Ces deux gouttières sont reliées entre elles par deux tiges. Il existe deux types d'orthèse : les orthèses industrielles et les orthèses fabriquées sur mesure par un spécialiste. Bien que plus coûteuses, les orthèses sur mesure ont un certain nombre d'avantages. Réalisées par un praticien dentaire spécialement formé, elles s'adaptent mieux à la morphologie de votre bouche car elles sont conçues à partir de vos empreintes dentaires.

Indications et contre-indications de l'orthèse d'avancée mandibulaire

Les personnes ayant un index d'apnées-hypopnées inférieur à 40 sont des candidats valables pour une orthèse d'avancée mandibulaire. Il en est de même pour celles chez qui le traitement chirurgical a échoué ou celles qui refusent la ventilation en pression positive continue. En revanche, les orthèses d'avancée mandibulaire sont contre-indiquées chez les personnes avec nombre insuffisant de dents saines, ou souffrant de maladies graves des gencives, d'ouverture buccale insuffisante ou d'index d'apnées-hypopnées excédant 40.

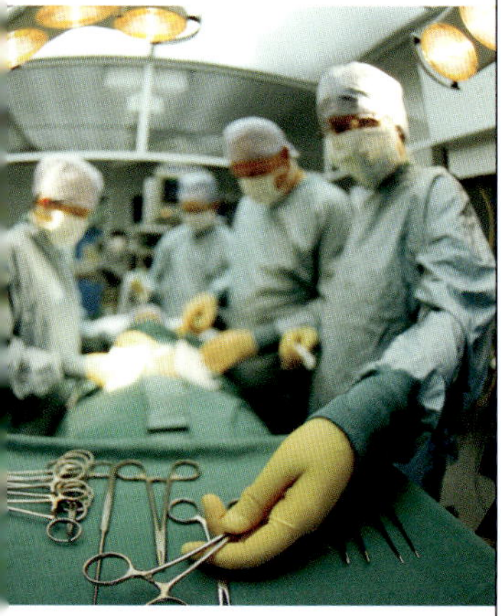

Traitement chirurgical

Nous ne le répèterons jamais assez : la Ventilation en Pression Positive Continue est le traitement de référence de l'apnée du sommeil. En cas d'impasse thérapeutique, une intervention chirurgicale peut vous être proposée.

L'uvulo-palato-pharyngoplastie

L'uvulo-palato-pharyngoplastie (UPPP), également appelée pharyngotomie, s'adresse aux personnes atteintes d'apnées modérées ayant un indice d'apnées-hypopnées inférieur à 30. Réalisée sous anesthésie générale, elle consiste à réséquer une partie du voile du palais, y compris la luette, et à élargir le pharynx. À cette occasion, les amygdales sont également enlevées. Ainsi, l'espace qu'emprunte l'air pour parvenir aux poumons est augmenté. Les apnées disparaissent. L'UPPP ne laisse aucune cicatrice puisque l'opération est réalisée par voie buccale. À la suite de l'intervention, des douleurs à la déglutition peuvent se faire sentir durant quelques jours. Pour y remédier, un traitement antalgique est prescrit. Vous pourrez quitter l'hôpital au bout de 48 heures.

L'avancée bimaxillaire

L'avancée bimaxillaire est réservée aux personnes atteintes d'apnées sévères, jeunes, non obèses, qui ne souffrent d'aucune autre maladie. L'intervention vise à faciliter le passage de l'air. Dans cette optique, la mâchoire inférieure et la mâchoire supérieure sont avancées de quelques millimètres. Opération plus lourde que l'UPPP, l'avancée

Pharyngotomie par laser

La pharyngotomie peut être réalisée au laser. Dans ce cas, l'intervention est rapide et il n'est pas nécessaire de passer la nuit à l'hôpital. Sachez que cette variante de l'UPPP, bien que séduisante, s'adresse uniquement aux personnes atteintes d'apnées très légères. Vous êtes assis sur un fauteuil de dentiste et le médecin vous injecte localement un anesthésique. Il vous demande d'ouvrir la bouche pendant qu'il dirige le rayon laser vers l'arrière de la gorge pour détruire le tissu excédentaire du voile du palais et de la luette.

bimaxillaire est également réalisée sous anesthésie générale. Au préalable, le terrain doit être minutieusement préparé. Il faut notamment calculer le degré d'avancement des mâchoires. L'enjeu est de taille puisque le contact entre les dents de la mâchoire supérieure et celles de la mâchoire inférieure doit être maintenu pour permettre la mastication. Avoir des dents en bon état est un pré-requis pour cette intervention. Certaines personnes doivent porter un appareil orthodontique à titre préparatoire. À la suite de l'intervention, vous resterez à l'hôpital durant 5 à 8 jours.

Les autres interventions chirurgicales

Parfois, le nez est à l'origine de l'apnée. Plusieurs interventions peuvent être pratiquées bien qu'elles soient rarement suffisantes à elles seules pour guérir l'apnée : redressement de la cloison nasale ou résection de polypes. Dans certains cas, il est nécessaire de diminuer le volume excessif des cornets. Situés dans les fosses nasales, ces petits os ont pour fonction d'orienter l'air inspiré vers l'arrière et de l'humidifier. Ces interventions sont souvent réalisées au décours d'un autre traitement chirurgical de l'apnée du sommeil.
Les chirurgies linguales peuvent trouver une application en cas d'échec de l'UPPP. Elles consistent à réduire le volume de la base de la langue lorsque l'obstruction est située en arrière de celle-ci. Elles peuvent être pratiquées par laser ou de façon conventionnelle.

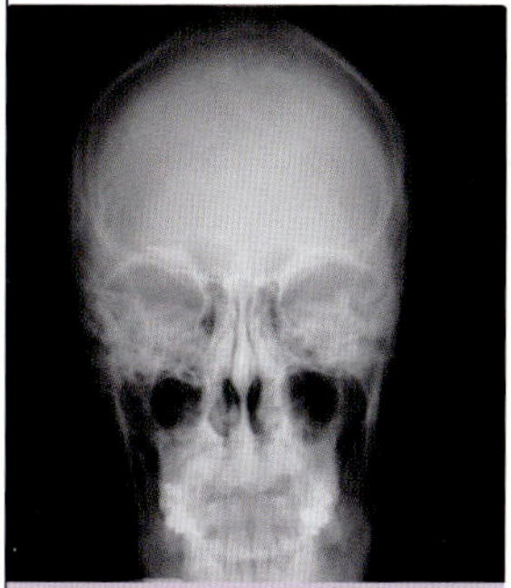

Bilan préopératoire

Toutes les chirurgies de l'apnée du sommeil nécessitent un bilan préopératoire poussé. À cet effet, un examen ORL complet est indispensable. Par ailleurs, vous serez amené à passer une céphalométrie. Il s'agit d'un examen radiologique qui permet de mesurer les structures osseuses du crâne. Ainsi, la céphalométrie renseigne sur la longueur du voile du palais, la hauteur de certains os, etc.

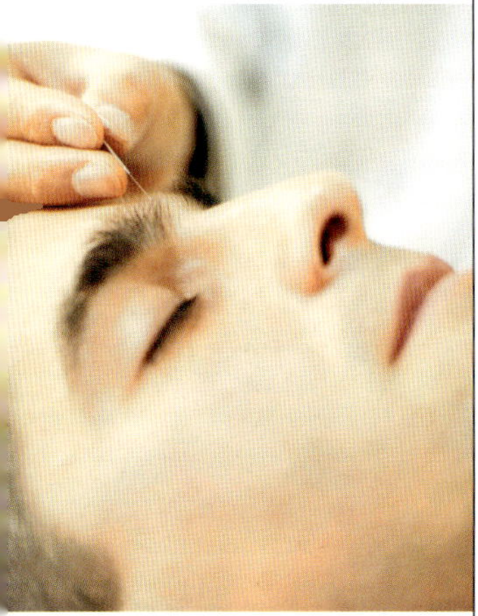

Les médecines douces

En dehors de la chirurgie et des divers appareillages, le traitement du Syndrome d'Apnées du Sommeil peut faire appel aux médecines douces. Si certaines techniques n'ont pas encore fait leurs preuves, d'autres se sont parfois avérées utiles. À vous de juger…

Quelques remèdes « de grand-mère »

Nombreux et variés, les remèdes de grand-mère sont souvent abracadabrants, voire comiques. Certains conseillent d'appliquer des pelures de pomme de terre sur le visage, d'autres recommandent d'avaler quelques cuillérées de vinaigre de pomme ou de boire du lait chaud avec du miel. Soyons réalistes : ces « remèdes » peuvent vous aider à vous endormir ou qui sait, à moins ronfler, mais ne les considérez surtout pas comme un traitement définitif pour vos apnées.

Acupuncture : la solution dans les aiguilles ?

Selon certains acupuncteurs, des points d'acupuncture au niveau du nombril, de l'auriculaire ou encore de l'oreille auraient un impact sur l'apnée du sommeil. Toutefois, le soulagement ressenti par quelques patients semble être de courte durée. L'acupuncture calme surtout les troubles nerveux, et non les apnées. Son efficacité est d'ailleurs plus reconnue dans le traitement de l'insomnie. Le patient apnéique, quant à lui, est peut-être plus détendu après une séance d'acupuncture, mais le nombre et la durée de ses apnées semblent inchangés.

Des exercices contre l'apnée

D'après une étude brésilienne, la pratique quotidienne d'exercices faciaux impliquant la langue, le voile du palais et les parois du pharynx permettrait de réduire la sévérité des apnées d'environ 40 %. Les sujets disent avoir un sommeil de meilleure qualité, moins de ronflements et moins de somnolence diurne grâce à ces exercices. Assez simples, les exercices doivent être pratiqués tous les jours pour être efficaces.

Homéopathie : remède miracle ?

Un naturothérapeute américain, Kenneth Rifkin, prétend avoir concocté un remède homéopathique qui permettrait de raffermir les tissus mous de la gorge et d'augmenter le calibre des voies aériennes. Notons que ce remède miracle n'a pas encore fait l'objet d'une étude scientifique même s'il est déjà commercialisé aux États-Unis. En France, certains recommandent la prise de *Calcarea carbonica* 15 CH et de *Opium* 15 CH avant le coucher. Ces deux composants font d'ailleurs partie du fameux remède miracle. Efficace dans certains troubles du sommeil, la place de l'homéopathie reste donc à prouver dans le traitement des apnées.

Psychothérapie : est-elle utile ?

La psychothérapie semble avoir un impact sur l'insomnie, lorsque celle-ci est secondaire à des problèmes personnels, familiaux ou professionnels. En revanche, l'apnée est une affaire d'anatomie, liée au calibre des voies aériennes supérieures. La psychothérapie permet de détendre le patient apnéique mais elle n'augmente pas le calibre de ses voies aériennes supérieures.

Le thé vert

Selon une étude américaine, le thé vert, à défaut de minimiser l'apnée du sommeil, permettrait de préserver le cerveau des conséquences neurologiques de l'apnée, telles que les troubles de la vigilance. Les pauses respiratoires augmentent le stress oxydatif, en partie responsable de dommages neurologiques. Le thé vert, plus précisément les catéchines qu'il contient, semble avoir des propriétés antioxydantes. Même si d'autres recherches restent à mener, rien ne vous empêche de remplacer votre café du matin par du thé vert !

LES RÉPONSES À VOS QUESTIONS

La Ventilation par Pression Positive Continue (VPPC) est-elle efficace pour tout le monde ?

La VPPC se révèle efficace chez la plupart des patients. Pourtant, des exceptions existent. Chez les patients qui respirent exclusivement par la bouche, notamment en raison d'une obstruction nasale, l'absence totale de respiration nasale rend la VPPC inefficace. D'autres patients ont une morphologie des voies respiratoires singulière, ce qui rend impossible la création d'une pression positive. Ainsi, en cas de communication entre les fosses nasales et la bouche, des fuites buccales empêchent le maintien d'une pression positive continue. Pour ces patients-là, la VPPC n'est pas indiquée et d'autres méthodes doivent être essayées.

Quelles sont les conséquences d'un SAS chez l'enfant ?

Comme l'adulte, l'enfant souffrant d'un SAS peut présenter une somnolence diurne, due aux micro-éveils qui fragmentent son sommeil. Ce sommeil de moindre qualité est parfois à l'origine de troubles de l'attention et du comportement, voire de difficultés scolaires. Le sommeil joue également un rôle dans la production de l'hormone de croissance, qui est sécrétée durant le sommeil lent profond. Si cette production se fait sans encombre chez l'enfant normal, elle peut être diminuée chez les enfants apnéiques, qui eux, manquent de sommeil lent profond. Pour cette raison, ces enfants présentent parfois un léger retard dans leur développement staturo-pondéral.

Pourquoi les hommes sont-ils plus touchés par le ronflement que les femmes ?

Toutes les études sont unanimes : les hommes sont plus touchés par le ronflement que les femmes. Les raisons de cette inégalité sont diverses. Les femmes semblent protégées par la production d'hormones sexuelles des ovaires : les femmes ménopausées ronflent plus fréquemment que les femmes jeunes. Toutefois, l'influence de certains facteurs de risque ne doit pas être négligée : le tabagisme, la consommation d'alcool, l'obésité et l'hypertension artérielle sont plus fréquents chez les hommes que chez les femmes et pourraient expliquer, en partie au moins, cette inégalité.

Que se passe-t-il en cas de privation prolongée de sommeil ?

La privation de sommeil sur une période prolongée est néfaste pour la santé. Elle entraîne une baisse des performances diurnes, des modifications de la personnalité ainsi que des troubles de l'humeur. Si vous êtes concerné par ce problème, consultez votre médecin.

Je souffre de somnolence diurne, est-ce que je peux prendre le volant sans crainte ?

La somnolence et les baisses d'attention au cours de la journée sont typiques d'un sommeil non réparateur. Ces phénomènes sont particulièrement dangereux lorsque vous êtes au volant d'une voiture : conduire en état de somnolence multiplie par huit le risque d'avoir un accident de la route ! Si vous vous êtes déjà réveillé en sursaut au volant de votre voiture, vous connaissez la réponse à votre question ! Bien que la somnolence au volant ne soit pas un délit, sachez qu'un arrêté de 2005 la considère comme une affection médicale incompatible avec le maintien ou la délivrance d'un permis de conduire à validité illimitée. De son côté, la Sécurité Routière déplore de nombreux accidents qui n'impliquent qu'un seul conducteur, et sans aucune trace de freinage... Si vous ressentez une somnolence au volant, arrêtez-vous immédiatement sur le bas-côté et reposez-vous pendant au moins 10 à 15 minutes.

Quels sont les traitements du ronflement ?

Divers traitements existent, mais leur efficacité dépend avant tout du patient, du type de ronflement dont il souffre, et de sa volonté de s'en débarrasser. La première étape consiste à appliquer quelques mesures de bon sens, notamment ne plus consommer d'alcool et de somnifères, éviter de dormir sur le dos, arrêter de fumer, etc. Il est également judicieux de perdre les kilos en trop qui aggravent votre ronflement. Le port d'une prothèse dentaire, appelée orthèse buccale, permet d'augmenter le calibre du pharynx. Divers techniques et appareillages de ventilation visent à augmenter le diamètre du pharynx. La chirurgie conventionnelle et la chirurgie au laser, quant à elles, visent à éliminer les tissus mous de la gorge obstruant le pharynx (luette, voile du palais, etc.). Les interventions chirurgicales sont généralement réservées aux personnes apnéiques, en cas d'échec ou contre-indication de la Ventilation par Pression Positive Continue. Quelle que soit votre situation, parlez-en à votre médecin.

Je ronfle de façon assez bruyante, que dois-je faire ?

Si vous présentez un ronflement suspect, entrecoupé de pauses respiratoires, consultez votre médecin. Pour pouvoir répondre le plus précisément possible aux questions du médecin, faites un petit travail préparatoire avant la consultation : déterminez la fréquence de votre ronflement, son ancienneté, son intensité sonore, une éventuelle aggravation récente, et s'il est accompagné de pauses respiratoires ou de réveils répétés (par exemple pour uriner). La facilité d'endormissement et la survenue éventuelle de cauchemars sont également des facteurs à communiquer à votre médecin. Si vous souffrez de somnolence diurne, détaillez au maximum les circonstances de survenue de cette somnolence : position, activité pratiquée, environnement dans lequel vous vous trouviez, etc. L'ensemble de ces informations oriente le médecin dans sa démarche diagnostique.

CONCLUSION

Ce guide vous apporte des informations précieuses sur le ronflement et les apnées du sommeil, ainsi que sur leurs conséquences pour votre santé. Le ronflement se définit par une respiration bruyante au cours du sommeil, secondaire à une vibration des parois du pharynx. Les facteurs favorisant le ronflement peuvent être héréditaires ou acquis. Parmi les facteurs héréditaires, il convient de citer le sexe masculin, des antécédents familiaux (il existe des familles de ronfleurs), la race ou certaines caractéristiques morphologiques du pharynx. Les facteurs acquis incluent la sédentarité, le surpoids, le tabagisme, l'alcool et la prise de médicaments somnifères.

Les chiffres de prévalence varient en fonction des études. En règle générale, les études épidémiologiques indiquent que 60 % des hommes adultes ronflent épisodiquement contre 40 % des femmes. Dans nos pays occidentaux, environ 4 % de la population adulte semble présenter le Syndrome d'Apnées du Sommeil.

Alors que ronflement simple n'a aucun impact négatif mis à part son préjudice social ou psychologique, les apnées du sommeil ne sont pas anodines pour la santé. Elles doivent donc être prises au sérieux ! Les conséquences de ces apnées sur notre santé sont en grande partie à mettre sur le compte des micro-éveils fréquents, responsables d'une véritable réaction de stress. Il en résulte des symptômes tant diurnes que nocturnes, les deux devant être présents pour poser le diagnostic d'apnées du sommeil. Parmi les symptômes diurnes, citons une grande fatigue, une hypersomnolence non expliquée ainsi que des troubles de l'attention et de la concentration. Les manifestations nocturnes incluent des arrêts respiratoires fréquents suivis de ronflements bruyants, des troubles du sommeil, des cauchemars, de la nycturie...

Plus sérieuses encore sont les conséquences à moyen ou long terme. Les études cliniques ont, en effet, montré que les maladies cardiovasculaires étaient plus fréquentes chez les personnes souffrant d'apnées du sommeil. Parmi ces maladies figurent avant tout l'hypertension artérielle, mais aussi un risque accru de maladies coronariennes et d'accidents vasculaires cérébraux.

Pour cette raison, le syndrome d'apnées doit être clairement distingué du ronflement banal, qui ne représente aucun danger pour notre santé. Son traitement doit être adapté au confort personnel du sujet et de son entourage. Le syndrome d'apnées, s'il est sévère, nécessite quant à lui une prise en charge. Les premières mesures du traitement consistent à veiller à une meilleure hygiène du sommeil : stop à la consommation d'alcool en soirée, arrêt de la prise de tranquillisants ou de somnifères, exercices de relaxation, etc. Par ailleurs, une réduction du surpoids, un arrêt du tabagisme et une éviction de la position dorsale durant la nuit permettent souvent d'atténuer l'ampleur du syndrome.

Si ces mesures s'avèrent insuffisantes, le traitement de choix repose sur la ventilation à pression positive. Il s'agit d'injecter par le nez un flux d'air à une pression pharyngée positive équivalente à la pression critique d'occlusion. Différents types de masques et de machines sont actuellement commercialisés, permettant une adaptation individuelle du traitement. Bien que les effets indésirables soient fréquents, ils sont rarement très sévères et peuvent être contrôlés par des traitements locaux ou par une meilleure adaptation du matériel utilisé. En cas d'échec de la ventilation par pression positive, des orthèses buccales ou des traitements chirurgicaux peuvent être envisagés. Tout cela pour vous dire que ce syndrome d'apnée n'est pas une fatalité en soi mais qu'il peut être traité efficacement, avec succès.

Nous espérons que la lecture de cet ouvrage vous aura permis de mieux comprendre la problématique du ronflement et des apnées du sommeil, et que vous serez désormais en mesure de mieux les prévenir ou, le cas échéant, de prendre les bonnes décisions pour mieux les contrôler.

LEXIQUE

Acromégalie : gigantisme des mains, des pieds et de la tête dû à une sécrétion excessive de l'hormone de croissance.

Acupuncture : méthode thérapeutique qui consiste à insérer des aiguilles dans des zones précises du corps afin de provoquer une sensation de bien-être.

Adénoidectomie : ablation des végétations adénoïdes.

Amygdalectomie : ablation des amygdales.

Amygdales : tissus lymphoïdes du pharynx jouant un rôle essentiel dans la défense de l'organisme contre les infections.

Antihistaminique : médicament qui réduit, voire élimine les effets de l'histamine, substance libérée lors d'une réaction allergique et responsable de ses manifestations cliniques.

Apnée centrale : pause respiratoire due à un trouble au niveau des centres de commande du cerveau.

Apnée obstructive : pause respiratoire due à une obstruction des voies aériennes supérieures durant le sommeil.

Apnée : pause de plus de 10 secondes dans la respiration.

Apnées mixtes : coexistence d'une apnée du sommeil centrale et d'une apnée du sommeil obstructive.

Collapsus : affaissement d'un organe creux ou d'un conduit dans lequel l'air circule (poumons ou voies aériennes supérieures).

Cornets : lames osseuses entourées d'une épaisse couche de tissus, situées sur les parois latérales du nez.

Cycle du sommeil : se décompose en différents stades marqués par des changements au niveau de l'activité cérébrale.

Débit respiratoire : volume d'air circulant dans les poumons par unité de temps.

Décibel : unité de mesure du son.

Déviation de la cloison nasale : position anormale du cartilage séparant les deux narines, suite à un coup par exemple.

Diaphragme : ensemble de muscles situé au-dessus de la cavité abdominale et intervenant dans la respiration. Sa contraction permet l'inspiration.

Électrocardiogramme (ECG) : enregistrement de l'activité électrique du cœur.

Électroencéphalographie (EEG) : enregistrement de l'activité électrique du cerveau.

Électromyographie (EMG) : enregistrement de l'activité électrique des muscles.

Électro-oculographie (EOG) : enregistrement de l'activité électrique des muscles oculaires.

Épidémiologie : discipline qui évalue la fréquence d'une maladie dans la population et détermine si elle est un facteur de risque pour d'autres maladies.

Holter : enregistreur portatif permettant l'enregistrement de l'ECG ou de la pression artérielle sur une période prolongée.

Homéopathie : méthode thérapeutique qui consiste à prescrire à un patient souffrant d'une maladie donnée une dose infime d'une substance qui, à dose élevée, provoquerait les symptômes de la maladie chez un patient sain.

Hormone de croissance : hormone sécrétée par l'hypophyse pendant le sommeil, qui assure la croissance et la reproduction des cellules chez l'être humain.

Hypertrophie : augmentation du volume d'organes ou de tissus, comme les amygdales ou les végétations.

Hypopnée : diminution significative (au moins 10 secondes, jusqu'à 50 % du débit normal) du débit d'air s'écoulant par le pharynx.

Hypothyroïdie : insuffisance de la sécrétion d'hormones par la glande thyroïde, responsable d'un ralentissement du fonctionnement des organes.

Hypotonie : diminution de la tension au niveau des muscles ou d'un organe.

Hypoxémie : diminution du taux d'oxygène dans le sang.

Index d'apnées : nombre d'apnées par heure de sommeil.

Index d'hypopnées : nombre d'hypopnées par heure de sommeil.

Indice de masse corporelle : formule mathématique permettant de calculer la corpulence d'un sujet, à partir de sa taille et de son poids.

Insuffisance respiratoire : incapacité de l'appareil respiratoire à fournir le volume d'air, et donc la quantité d'oxygène, nécessaires au bon fonctionnement de l'organisme.

Laboratoire du sommeil : centre médical dévoué à l'étude du sommeil, par le biais de diverses machines.

Laser chirurgical : instrument chirurgical émetteur d'énergie lumineuse, permettant de détruire des tissus.

Luette : excroissance tissulaire recouverte de muqueuse, située à l'arrière du palais.

Micro-éveil : période très courte d'éveil (entre 3 et 14 secondes) au cours du sommeil. Ce phénomène entraîne une fragmentation du sommeil et peut se répéter plusieurs fois au cours d'une même nuit, sans que le sujet s'en rende compte.

Narcolepsie : accès de somnolence brusque et de courte durée pendant la journée.

Nycturie : besoin d'aller aux toilettes pendant la nuit.

Orthèse : appareil dentaire qui avance la mâchoire inférieure, permettant d'augmenter le calibre du pharynx afin de minimiser l'apnée du sommeil.

Os hyoïde : os en forme de fer à cheval qui se trouve au-dessus du larynx. Il s'agit du seul os de l'organisme non connecté à un autre os.

Oxymétrie : mesure du taux d'oxygène dans le sang, à l'aide d'un capteur placé sur le lobe de l'oreille ou au bout du doigt.

Palais : structure constituée du palais dur et du palais mou, le voile du palais. Il sépare la cavité nasale de la cavité buccale.

Pharynx : conduit flexible permettant à l'air entré par la bouche d'atteindre le larynx, puis la trachée.

Phytothérapie : méthode thérapeutique qui utilise l'action des plantes médicinales pour soigner.

Polysomnographie : enregistrement simultané pendant le sommeil de divers paramètres physiologiques (taux d'oxygène dans le sang, activité du cœur, etc).

Prévalence : pourcentage d'une population spécifique présentant une maladie donnée, à un temps précis.

Rythme circadien : rythme biologique alternant des périodes de veille et des périodes de sommeil sur 24 heures.

Septoplastie : intervention chirurgicale permettant de corriger une déviation de la cloison nasale.

Somnolence diurne : période de torpeur, de perte totale de l'attention, qui conduit parfois à l'endormissement.

Syndrome de haute résistance des voies aériennes supérieures : pathologie se caractérisant par une absence d'expansion du calibre des voies aériennes pour accommoder le passage de l'air pendant le sommeil.

Syndrome des jambes sans repos : besoin irrépressible et constant de remuer les jambes.

Tonus musculaire : degré de tension d'un muscle.

Uvulo-palato-pharyngoplastie (UPPP) : aussi appelée pharyngotomie, cette intervention chirurgicale vise à améliorer le passage de l'air dans le pharynx par ablation des amygdales et par résection des tissus mous de la gorge (voile du palais, luette, etc.).

Végétations adénoïdes : tissus lymphoïdes situés à l'arrière du nez, susceptibles de gêner le passage de l'air si elles sont trop volumineuses.

Ventilation nasale à pression positive continue (VPPC) : appareillage envoyant de l'air dans le masque nasal d'un sujet apnéique afin de lutter contre la fermeture des voies aériennes.

Voies aériennes supérieures : ensemble de conduits permettant à l'air inspiré d'arriver aux poumons : nez, bouche, sinus, pharynx, larynx, trachée.

Voile du palais : structure musculo-membraneuse située au niveau du pharynx. Son rôle est d'isoler les fosses nasales de la cavité buccale lors de la déglutition.

ABRÉVIATIONS

AVC : Accident Vasculaire Cérébral

BPCO : Bronchopneumopathie Chronique Obstructive

ECG : Électrocardiogramme

IAH : Index d'Apnées-hypopnées

IMC : Indice de Masse Corporelle

OMS : Organisation Mondiale de la Santé

SAS : Syndrome d'Apnées du Sommeil

UPPP : Uvulo-palato-pharyngoplastie

VAS : Voies Aériennes Supérieures

VPPC : Ventilation par Pression Positive Continue

BIBLIOGRAPHIE

Ouvrages

Fleury B, Hausser-Hauw C, Bacqué MF : *Comment ne plus ronfler*. Odile Jacob, 2004.

Kamami YV : *Le ronflement ça se guérit*. Éditions du Dauphin, 2007.

Weitzenblum E, Racineux JL : *Syndrome d'apnées obstructives du sommeil*. Masson, 2004.

Grosbois J, Le Pellec M : *Apnées, ronflements et troubles du sommeil*. Option Santé, 2003.

Dervaux JL : *Ronflements et apnées du sommeil en 200 questions*. De Vecchi, 2004.

Publications

Tschopp KP, Thomaser EG, Köhler E. *Y a-t-il une alternative chirurgicale à la respiration assistée (CPAP) dans le syndrome des apnées obstructives du sommeil ?* Forum Med Suisse 2007;7:713-7.

Karrer W, Reimers M. *Du ronflement au syndrome des apnées obstructives du sommeil*. Forum Med Suisse 2003;3:176-82.

Rodenstein DO. *Syndrome d'apnées du sommeil : aspects épidémiologiques et physiopathologiques*. Louvain Médical 2006;125:S4-7.

Roche N, Morel H, et al. *Évaluation clinique et économique de la chirurgie dans le traitement du syndrome des apnées obstructives du sommeil*. ANAES 1999.

Laban JP. *Le Syndrome d'Apnées du Sommeil : un nouveau facteur de risque cardio-vasculaire ?* Journées de diabétologie 2002;213-24.

Guilleminault Ch, Black JE, Palombini L. *Le syndrome de haute résistance (ou résistance anormale) des voies aériennes supérieures.* Rev Mal Respir 1999;16:173-80.

Liens utiles

Le site des utilisateurs de pression positive continue

http://www.uppc.com.fr/

Institut National du Sommeil et de la Vigilance

http://www.institut-sommeil-vigilance.org/index.php

Société Française de Recherche et de Médecine du Sommeil

http://www.sfrms.org/index1.php